Mãe Stella de Oxóssi

Vera Felicidade de Almeida Campos

Mãe Stella de Oxóssi

Perfil de uma liderança religiosa

Inclui fotos e mapa

Jorge Zahar Editor
Rio de Janeiro

Jorge Zahar Editor Ltda.
rua México 31 sobreloja
20031-144 Rio de Janeiro, RJ
tel.: (21) 2240-0226 / fax: (21) 2262-5123
e-mail: jze@zahar.com.br
site: www.zahar.com.br

Fotos: Acervo pessoal de Mãe Stella
Todos os esforços foram feitos no sentido de localizar e contactar
os detentores dos direitos das imagens aqui reproduzidas. A autora e
Jorge Zahar Editor terão prazer em providenciar eventuais correções.

Preparação de originais: Angela Ramalho Vianna
Projeto gráfico: Mari Taboada

Campos, Vera Felicidade de Almeida, 1942-
C218m Mãe Stella de Oxóssi: perfil de uma liderança religiosa / Vera Felicidade de Almeida Campos. – Rio de Janeiro: Jorge Zahar Ed., 2003

il.;

ISBN: 85-7110-737-8

1. Stella, de Oxóssi – Biografia. 2. Candomblé – Bahia. I. Título.

CDD 922.996
03-1477 CDU 929 STELLA, DE OXÓSSI

Sumário

Apresentação

Os monumentos mais valiosos da cultura do povo negro da Bahia são as lideranças da religião do candomblé, em sua grande maioria femininas. Elas são as iás, as mães, que preservam a memória de linhagens religiosas descendentes de nações africanas. Por isso asseguram a permanente ligação entre as mulheres e os homens do presente e seus ancestrais míticos. Elas geram, educam e alimentam aqueles que continuarão sua tarefa de recriar permanentemente a África na Bahia.

Dentre as iás baianas de ontem e de hoje destaca-se dona Maria Stella de Azevedo Santos, Mãe Stella de Oxóssi, ialorixá do Ilê Axé Opô Afonjá. Escolhida para o governo de sua comunidade em 1976, ela defendeu, consolidou e expandiu a sua casa, hoje respeitada e admirada em todo o mundo. Acima e além de seu dever de ialorixá, ela se impôs como iá do candomblé baiano pela defesa da tradição, da dignidade e da autonomia de sua religião ancestral e de todo o povo negro da Bahia. Mais do que ninguém ela soube dar à sua liderança religiosa e comunitária a mesma importância social, cultural e política dos reis e chefes tradicionais nas contemporâneas repúblicas da costa da África. Ela sabe ser uma iá.

A expressividade da atuação de Mãe Stella é acompanhada por uma profusão de fiéis, curiosos e admiradores, o que naturalmente produz variadas percepções. Impossível uma biografia de Mãe Stella, pois sua vida continua a fluir com entusiasmo.

Neste livro vem a público um texto altamente qualificado de Vera Felicidade de Almeida Campos. Trata-se do depoimento de uma das mais destacadas psicólogas da Bahia, psicoterapeuta gestaltista, autora de vasta e reconhecida literatura científica. Seus olhos de pesquisadora são iluminados pela fé e admiração de uma filha do Ilê Axé Opô Afonjá, onde tem o posto de *Oni Kòwé* e é responsável pelo planejamento, organização e estruturação do museu do Afonjá, o Ilê Ohun Lailai. Com a tarefa de guardiã da memória sagrada e também com um viés científico, Vera Felicidade buscou delinear o perfil de uma liderança do candomblé. Aqui, portanto, os traços de personalidade de Mãe Stella estão indissociavelmente ligados à cultura religiosa que lhes dá sentido e ao contexto social e comunitário em que estão inseridos.

A presente obra traduz igualmente o olhar de admiração cidadã em relação a essa mulher negra, altaneira, sábia e respeitada, que constitui referência maior para sua comunidade e principalmente para todas as mulheres baianas como símbolo de auto-estima.

Mãe Stella de Oxóssi é também valiosa fonte de pesquisa histórica, pelos depoimentos, entrevistas e material jornalístico que reúne, e verdadeiro álbum de família, por incluir precioso material iconográfico.

UBIRATAN CASTRO DE ARAÚJO

Presidente da Fundação Cultural Palmares
Ex-diretor do Centro de Estudos Afro-Orientais (CEAO)
da Universidade Federal da Bahia (UFBA)

Introdução

O Centro de Estudos Afro-Orientais (CEAO) da Universidade Federal da Bahia, na pessoa de seu então diretor, o professor Ubiratan Castro de Araújo, solicitou-me um perfil de Mãe Stella. O professor Ubiratan tinha em mente inaugurar uma linha de pesquisa voltada para a elaboração de perfis biográficos das principais lideranças religiosas do candomblé da Bahia. Com a falta de verbas e outras inúmeras dificuldades, o tempo foi passando. Agora a Jorge Zahar Editor, através de sua editora Cristina Zahar, publica *Mãe Stella de Oxóssi*.

A história de Mãe Stella está contada em jornais, revistas, livros, anais de congressos, vídeos, filmes e guardada na memória de seus contemporâneos, muitos dos quais não se esquecem de Mãe Stella falando que "candomblé não é seita, candomblé é religião". Preferi neste perfil reunir parte desse material, enfocando as características que estruturam e movem Mãe Stella – estabilidade, flexibilidade e coragem – aspectos determinantes de sua individualidade, bem como o contexto em que atua e a percepção que tem dele.

Utilizei os documentos, jornais e revistas que estão no museu do Opô Afonjá, o Ilê Ohun Lailai, e na homepage do Ilê Axé Opô Afonjá. Conversei com dona Milta e dona Coryntha de Azevedo Santos, irmãs de Mãe Stella, e com sua prima, dona Lizete Fernandes Copique, que me deram relevantes depoimentos e às quais agradeço. Foram fundamentais também as informações e os relatos dados pela própria Mãe Stella. Agradeço sua leitura atenta dos originais, assim como o fato de ter franqueado a maior parte das fotos utilizadas neste livro, que são de seu arquivo pessoal e de sua família.

Apliquei um pequeno questionário à comunidade do Ilê Axé Opô Afonjá – que se encontra ao final deste volume – no qual usei um sistema unificado de perguntas, esperando que nele se enfatizassem as variações ou as recorrências na percepção que as pessoas da comunidade têm de Mãe Stella. Agradeço a colaboração das *ebômis*, *iaôs*, *obás*, *ogãs*, *ajoiês* e *abiãs* do Ilê Axé Opô Afonjá que responderam ao questionário. Espero ter conseguido transmitir ao leitor um pouco da grande empolgação que durante anos tenho tido ao conviver com Mãe Stella.

1

Ialorixá — liderança e individualidade

Ialorixá é um título, um cargo e ao mesmo tempo designa quem exerce o poder supremo nas casas de candomblé da Bahia, se for uma mulher. Quando a liderança é masculina chama-se babalorixá.

Na velha e tradicional terra iorubá, na África Ocidental, falava-se "*yèyé*" como sinônimo de mãe; dizia-se "*ìyá*" ao se dirigir a ela, a mãe, e "*ìyáàmi*" ao se falar dela. "*Ìyá*" era também a maneira de se designar a irmã mais velha do pai e da mãe, ou a filha do irmão do avô paterno e materno.[1]

Herdamos a cultura e a língua iorubás através de expressões e conceitos básicos desdobrados ou recriados aqui no Brasil, especialmente na Bahia, segundo novas contextualizações. Na nossa sociedade colonial, patriarcal por excelência, a iá – a mãe – passou a ser quase sinônimo de uma forma de tratamento respeitosa e coloquial. Mais tarde, já no final do século XVIII, com a predominância dos iorubás entre a população negra da cidade de Salvador, as mães eram as iás, imponentes senhoras dedicadas ao culto dos orixás – os deuses da religião iorubá. As *olorixás*, as donas dos orixás da África, tornaram-se as mães dos orixás, na realidade as mães-de-santo, porque no contexto sincrético o orixá era o santo. Em seu próprio título – ialorixá – está implícita toda uma ligação com os antepassados e uma tradição cultural.

As ialorixás são detentoras de poder porque são depositárias de *axé* (força). E este é transmitido por encadeamento: os antecessores receberam o *axé* e o transmitiram a seus sucessores. Nesse sentido, quanto mais pura a linhagem, mais se pode recuperar o *axé* trazido da África, e daí a importância das raízes, das casas matrizes. O *axé* é uma força mágica e mítica, e as ialorixás são os veículos que transportam, mantêm e recriam isso que é mensagem, alimento e força. Essa característica justifica a necessidade de "pureza", capacitação hierárquica e ancestralidade para ser detentora de *axé*; igualmente explica as intermináveis querelas e disputas pelo *decá*, isto é, os balaios e as cuias cerimoniais.

O candomblé é uma religião de origem africana na qual são fundamentais a ascendência e a conseqüente hierarquia, mas o significado disso precisa ser bem compreendido Na terra iorubá – assim como no restante da África e em quase todo o mundo até a Idade Média –, as relações de parentesco sustentavam e garantiam as dinâmicas que estruturam a sociedade e são por ela estruturadas. Elas asseguravam a manutenção da propriedade privada em uma economia substancialmente agrária.

Na sociedade iorubá a religião era um dos principais modeladores da cultura: ser iniciado na religião dos orixás era uma maneira de ser africano. Com a escravização e a conseqüente perda dessa atmosfera, diluiu-se a identidade cultural. Para reaver o ser africano era preciso recuperá-la. O caminho para essa mudança, para o reencontro com as origens, era possibilitado pela iniciação no candomblé. Assim as casas de candomblé tornaram-se as agências sociais e religiosas responsáveis pelo resgate da individualidade.

A iniciação significava crença no orixá, exigia sacrifícios e buscas e, ademais, demandava soluções. As casas de poder e de força – os *ilê axé* –, representadas por suas iás, se tornaram polarizantes dessa transformação, dessa individualização, da iniciação na trilha da velha África conduzida por seus guias – os *eledás*. A tradição, entendida como ancestralidade, era mantida pelo poder e impunha uma hierarquia rígida. Surgia assim a figura da ialorixá como detentora desse poder.

Na literatura sobre candomblé, tornou-se denominador comum centrar a definição de ialorixá na questão do poder e da ancestralidade, quase como uma explicação da trajetória do *axé*, de sua função mágica e mítica. A análise de Roger Bastide, em seu livro *O candomblé da Bahia*, é um bom exemplo disso:

Acima de todos encontra-se o *babalorixá*, ou pai-de-santo, sacerdote supremo se a seita é dirigida por homem – ou a *ialorixá*, ou mãe-de-santo, sacerdotisa suprema se a seita é dirigida por mulher. O *babalorixá* é o chefe do culto; tem por conseguinte toda autoridade sobre o conjunto dos fiéis, indo até à possibilidade de açoitá-los se faltam com seus deveres; é quem prepara os objetos sagrados, quem dirige as festas públicas, ou privadas, quem identifica as divindades que então se manifestam, quem controla os sacrifícios e as iniciações, quem consulta os *obi* (e algumas vezes os búzios) para conhecer a vontade dos *Orixás*.

...

Se, de um lado, os sacerdotes ou sacerdotisas supremas têm autoridade absoluta sobre os membros da confraria religiosa que dirigem, por outro lado têm também obrigações para com eles, tanto de assistência pecuniária quanto moral, o que, em plena cidade da Bahia, torna os *candomblés* verdadeiras sociedades de socorro mútuo, de auxílio fraterno, que mantêm o espírito comunitário africano....*Babalorixá* ou *ialorixá* são escolhidos obrigatoriamente entre os *ebômin*, ou os filhos-de-santo que têm pelo menos sete anos de permanência no *candomblé*, desde a iniciação; recebem eles também os *Orixás*, portanto caem também em transe, o que os distingue dos *ogã*, *obá* e de outros funcionários do culto, além do posto que ocupam. ... O que quer dizer que a ascensão na hierarquia depende, em última instância, da participação mais ou menos completa à civilização africana, do tesouro de conhecimentos reunidos no decorrer dos anos, e que, para descobrir a metafísica iorubá, é àqueles que ocupam os graus mais elevados da seita que devemos nos dirigir. São em geral pessoas extremamente inteligentes, perspicazes, de uma polidez consumada, de extraordinária memória, e que sempre nos acolheram como a um "filho". Mas, justamente devido a isto tudo, a transferência de conhecimentos obedece forçosamente à lei africana.[2]

Os comentários de Juana Elbein dos Santos também demonstram abordagem similar ao definir a ialorixá:

O chefe supremo do "terreiro"[,] a *Ìyálôrìsà*, textualmente, a "mãe"-que-possui-os *òrìsà*, que é responsável pelo culto dos *òrìsà*, é, ao mesmo tempo, a *Ìyá-l'àse*, isto é, a detentora e transmissora de um poder sobrenatural, de uma força propulsora chamada *àse*. ... Assinalamos que a *Ìyálôrìsà* – "mãe" dos *òrìsà* – [,] sacerdotisa suprema do "terreiro", é, ao mesmo tempo, a *Ìyálàse*, "mãe" do *àse* do "terreiro". Por ser o chefe supremo é quem possui os maiores conhecimentos e experiência ritual e mística, quem possui o *àse* mais poderoso e mais atuante. Ao ser investida como *Ìyálàse*, ela é portadora do máximo de *àse* do "terreiro", recebe e herda toda força material e espiritual que possui o "terreiro" desde a sua fundação. Ela será responsável não só pela guarda de templos, altares, ornamentos e de todos os objetos sagrados, como também deverá, sobretudo, zelar pela preservação do *àse* que manterá ativa a vida do "terreiro". Ela poderá transferir muitas de suas obrigações à cúpula das sacerdotisas[,] as quais, por sua antigüidade, estão preparadas para assumi-las.[3]

E Edison Carneiro, em seu livro *Candomblés da Bahia*, reitera essas análises e explica:

> A autoridade espiritual e moral emana direta e exclusivamente do pai ou da mãe, que só reconhece, acima da sua própria autoridade, a dos orixás. Esta autoridade – absoluta em toda força do termo – o chefe a divide com as demais pessoas do candomblé, em linhas muito nítidas de hierarquia que beneficiam especialmente os velhos e as mulheres.[4]

A mãe-de-santo, ialorixá, também é *omorixá*, a filha-de-santo, e se ela continua, na realidade começa. Continua porque é filha de sua mãe-de-santo, mas começa de novo ao ter sua casa, seu terreiro, e ao iniciar seus iaôs. Essa transição, que não deixa de ser um impasse, merece algumas considerações. Cabe aqui comentar a vivência do sagrado – esse aspecto psicológico, existencial e humano por excelência das ialorixás.

Do ponto de vista da individualidade humana, a iniciação no candomblé é *ori*, isto é, "cabeça" no sentido iorubá, quase sinônimo de *odu*, que significa "caminho", "destino". A iniciação é "fazer a cabeça". Várias ialorixás, inclusive Mãe Stella, explicam sua indicação como ialorixá dizendo: "Era o meu caminho..."

Na terra iorubá, Ori, "a cabeça", é uma divindade adorada por adultos de ambos os sexos como deus do destino. Acredita-se que a boa ou mesmo a má sorte (dita *ori buruku*) acontece de acordo com a vontade desse deus. O *bori*, ou ritual de oferenda, é um modo de adorar, fortificar e agradar Ori. Em seu dicionário de iorubá moderno, R.C. Abraham esclarece que a imagem que representa Ori consiste de quarenta e um pequenos búzios, juntos na forma de uma coroa, que era mantida numa grande arca. Essa arca seria tão grande quanto seu dono pudesse fazê-la e após sua morte deveria ser destruída junto com a imagem de Ori; e os búzios – que serviam de moeda na África – deviam ser gastos.

Na religião do candomblé, portanto, é como se toda ancestralidade – e conseqüentemente todo pertencimento, merecimento e participação – fosse resolvida em outro plano que não o da Terra. Não é no *aiê* (Terra), mas no *orum* (céu), por concatenações entendidas e mediadas pelo orixá e pelo *odu* (caminho), que as relações e os destinos se esclarecem.

Essas considerações fornecem um contexto e servem como filtro para melhor entender a função mediadora intrínseca à definição de ialorixá: é o orixá/*odu* (deus/caminho), guia protetor responsável pelas idiossincrasias, pelo destino e pela individualidade dos homens.

Quando é escolhida uma ialorixá para governar uma casa, essa escolha instantaneamente entroniza um orixá. A nova ialorixá sabe disso, e o seu reinado é sobretudo dedicado ao engrandecimento de seu orixá, ao mesmo tempo que é por ele organizado, orientado e protegido.

A mãe-de-santo é assim a filha-de-santo plenamente consumada, integrada: ao se transformar em ialorixá, ela se realiza totalmente como *omorixá*. Quanto mais essa relação é assumida e mantida, mais poderoso o *axé* se torna para ela, transcendendo todas as contingências espaciais e temporais, possibilitando a comunicação total com os orixás através da fé comprovada. Quanto mais a filha-de-santo se torna mãe-de-santo – administrando sua casa, seu terreiro –, à medida que se institucionaliza nas práticas representativas e comunitárias, mais se perde a imanência mística. A aceitação desses papéis sociais implica um processo de desindividualização e é responsável pela quebra da relação constituinte básica (filha-de-santo que passa a mãe-de-santo).

Essa nuance pode ser melhor percebida quando se estabelecem diferenças entre ialorixá e *ialaxé*, aquela que administra o *ilê axé*. A ialorixá na maioria das vezes é também a *ialaxé*, mas ela sabe como ninguém quando um caminho começa e quando o outro termina. A presença da fé absoluta possibilita reconhecer e fazer com que se conheça o *odu* (caminho) e o *ori* (cabeça). A fé faculta estabelecer diferenciações, critérios e parâmetros necessários para o reconhecimento e para a iniciação. Ao mesmo tempo permite que, através desse reconhecimento, o iniciado se conheça.

O candomblé é uma religião de chamado. A adoração do orixá é feita no *peji*, que significa "altar", mas quer dizer também "despertar para o chamado". No sentido iorubá, a palavra designa o lugar em que se reúnem os que são chamados, estabelecendo assim o espaço onde o sagrado se manifesta. O corpo é o grande *peji* no qual o orixá é adorado através da incorporação absoluta, o transe, situação em que desaparece o adorador, permanecendo apenas o adorado. No transe o corpo se neutraliza: é como se o altar sumisse e ficasse apenas o orixá. Perde-se o próprio corpo e ganha-se aquilo que o individualiza, o orixá. A história mítica se desenrola, as barreiras são quebradas, o orixá em sua dança está em outro tempo, em outro espaço.

Esse transporte mágico é uma fonte alimentadora, é o *axé*. A maior parte das ialorixás vivenciam isso e também podem desencadear o processo de transe em seus filhos. Elas conhecem esse desenrolar de ponta a ponta e regulam-no com o olhar, com um simples toque de *adjá*, a sineta que usam para chamar os orixás. Esse presente total é comandado pela individualidade da ialorixá. A tradição e a ancestralidade existem para que se chegue até esse ponto, mas daí por diante tudo cabe à ialorixá. Ela comanda, recria, não é mais o veículo que transporta o *axé*, a mensagem: tornada a senhora absoluta, ela é a própria mensagem, conseguindo realizar o absurdo de, por ser mensageira perfeita, tornar-se a rainha, a emissora da mensagem. Essa é a integração do ser com o outro – com o próprio orixá e depois com seu *egbé* (comunidade). A integração, esse passe de mágica, é responsável pelo poder, força e *axé*. Há individualização e realização do caminho.

As ialorixás sabem de seu *ori* (cabeça) e cuidam dele. Quando isso não acontece, vemos assumir a posição de comando títeres, reféns de interesses comunitários, pessoas desamparadas ou sustentadas por ordens e hierarquias.

Na cidade de Salvador é comum ouvir-se que quanto mais o tempo passa, mais Mãe Stella se parece com Oxóssi, o caçador; mais Mãe Olga do Alaketo se parece com o vento,

Iansã, e assim por diante. Isso é integração, individualidade se realizando e é o caminho se definindo.

Para as ialorixás, a relação com o divino estrutura uma dimensão transcendente, constrói o carisma e estabelece o *axé*, pois o outro – o sagrado – está nelas, é o seu *ori* (cabeça). Quando as ialorixás se relacionam com sua comunidade e com o mundo, já trazem essa força, esse olhar encantado. Elas vêem as coisas daqui com os olhos de lá, por isso escolhem, reconhecem e podem iniciar, ter *omorixás* (filhos-de-santo). Essa função não é para qualquer um. Não basta querer ser ialorixá, deve-se ter caminho, não ter *ori buruku* (má sorte). Isso é mais fundamental do que as raízes, mais importante do que cumprir estágios iniciáticos, embora deles não se prescinda.

As iás são dedicadas fundamentalmente aos seus orixás. Em função deles empenham-se e trabalham em seus *ilês* (casas), como se tudo existisse e estivesse reunido para cuidar de seu orixá. Esse aspecto imanente à existência da ialorixá cria uma situação singular: as grandes casas dão continuidade às linhas tradicionais, mas só conseguem fazer isso quando estão completamente voltadas para o relacionamento com os orixás através de sua grande representante, única apta a com eles dialogar: a iá. É como se toda a estrutura comunitária, e até mesmo o *aiê* (mundo), fosse periodicamente substituída por uma nova ordem enviada pelo *orum* (céu). Nesse sentido a horizontalidade, em geral expressa pela roda ou agrupamento circular – a comunidade –, gira em função de um mastro ou viga mestra – a individualidade – que traduz a verticalidade. Através dessas realizações individuais é que a tradição se mantém. Por meio do *ori*, ou seja, das individualidades, estruturam-se as comunidades. Seu funcionamento hierarquizado garante que elas se tornem raízes e sementes dinamizadas pela individualidade.

Não é muito difícil perceber a individualidade quando se divisa a liderança. No caso específico de Mãe Stella, assim podemos entender seu trabalho comunitário, sua liderança social e a transformação criada pelo seu posicionamento público ao afirmar que candomblé não é uma seita sincrética, e sim uma religião. Só assim se pode compreender todo esse esforço que desencadeou uma mudança de atitude em relação ao negro, como expressão do cuidado com seu orixá, exercício de individualidade, possível exatamente porque ela se posicionou como uma representante que defendia uma tradição.

É fácil ver Mãe Stella como um caçador de grandes feras, abatendo leões, leopardos, elefantes e antílopes para salvaguardar sua comunidade do perigo de desaparecer; é fácil vê-la empunhando o *ofá* (arco-e-flecha) a fim de prover alimento para seus filhos. Esse aspecto de provedor e distribuidor de caças é típico de seu orixá – Oxóssi. O cuidado, a coerência e a lucidez de Mãe Stella, sua "atenção aos sinais", como ela própria costuma dizer, são coisas de Oxóssi. E, como todo caçador, ela também faz a distribuição e a seleção das caças.

Recentemente, quando eu planejava as novas instalações do museu do Ilê Axé Opô Afonjá – o Ilê Ohun Lalai –, fiquei surpresa com a radicalidade e a coerência de Mãe Stella, ao me dizer: "Tem os santos católicos que estão na casa de Iemanjá para você colocar no museu." "Os santos da casa de Iemanjá, os do tempo de Mãe Aninha? Vão sair de lá?", perguntei espantada. "Claro, os tempos são outros, não precisamos mais nos esconder, o sincretismo já acabou", foi a resposta que recebi.

Na época de Mãe Aninha, tudo o que se fazia no candomblé era acobertado pelo sincretismo. Havia forte repressão policial às atividades dos terreiros, que chegavam a ser proibidos de "bater" (tocar atabaques). Os santos da casa de Iemanjá a que Mãe Stella se referia eram católicos, como São

Jerônimo por exemplo, que no candomblé representava Xangô.

Naquele incidente, pasma com a lógica de Mãe Stella, senti que eu tinha um apego residual ao que Mãe Aninha havia feito. Mas imediatamente percebi que Mãe Stella, ao retirar os santos da casa de Iemanjá, recuperava o gesto e o apreço que na verdade Mãe Aninha tinha à sua tradição nagô pura, como ela dizia, sem misturas. Aprendi como as coisas vão e voltam sem sair do lugar. Este é um exemplo da firmeza de convicções de Mãe Stella.

Alguns dias depois disse-lhe que ia pendurar os santos na parede do museu, e ela observou: "Na parede? Pendurados? Os santos? Não. Vamos levar o nicho, onde os santos estavam, e colocá-los dentro."

Entendi a flexibilidade de Mãe Stella: embora nada tivessem a ver com sua religião, os santos eram sagrados para a outra religião e não podiam ser pendurados em uma parede. Isso é Oxóssi, é decisão de caçador: algumas caças são para comer, outras são para distribuir, de algumas aproveita-se o couro, outras, enfim, são empalhadas como ornamento e relembram os grandes dias.

2

Mãe Stella — ialorixá do Opô Afonjá

Salvador em 1925, ano em que Mãe Stella nasceu, era uma cidade em que começava a se consolidar a miscigenação. A "Roma negra do Brasil" – como dizia Mãe Aninha – era palco das contradições geradas pelo convívio entre um contingente cada vez maior de descendentes de escravos africanos e um preconceito racial vigoroso, muitas vezes violento.

Naquela época os afro-descendentes não podiam cultuar seus deuses senão clandestinamente. O candomblé era visto como "seita de negros animistas", como diziam Nina Rodrigues e Artur Ramos,[1] um culto selvagem e prejudicial. Estavam no apogeu as teses de Silvio Romero, seu ideal de branqueamento, e as ideologias de extrema direita. Eugenia e "melhoramento racial" resumiam os recursos cogitados para diluir as diferenças, ocultando os traços fisionômicos negros e, portanto, os vestígios da escravidão.

Se já era ruim ser negro, então ser do candomblé significava ter vendido a alma ao diabo, e isso representava uma ameaça à ordem constituída. Durante muito tempo escamoteou-se esse impasse sob a capa protetora do sincretismo. A idéia de "coisa africana escusa" foi absorvida pelos próprios afro-descendentes, que se percebiam na condição de ex-escravos. O candomblé virou seita, e os netos de africanos tornaram-se católicos. Porém "certas coisas" só na seita eram resolvidas. Esse processo, basicamente despersonalizador, ao mesmo tempo serviu para criar uma estrutura de tolerância religiosa. O mundo branco dos católicos aturava as crendices dos "negros animistas", e estes, aproveitando-se disso, construíam estratégias de convívio e conveniência com a parcela branca da sociedade local. Tal movimento desenvolvido no plano social teve um corolário também no âmbito individual. A mescla se impôs, sancionada pelo discurso da democracia racial.

Maria Stella de Azevedo Santos nasceu em Salvador, Bahia, no dia 2 de maio de 1925. Filha de Esmeraldo Antigno dos Santos com Thomazia de Azevedo Santos, ela fazia parte de uma família negra de classe média. Apesar de bastante racista, a estrutura social de Salvador no início do século XX permitia certa mobilidade por meio de casamentos inter-raciais ou por ascensão econômica. A tia de Stella, por exemplo, dona Arcanja, era casada com um descendente de portugueses, José Carlos da Cruz Fernandes, e dona Theodora, sua avó, que tinha uma venda no mercado São Miguel, ascendeu socialmente graças ao comércio de peixe.

Theodora era filha de Maria Konigbagbe, africana de etnia egbá. Mãe Stella atualmente conta como a bisavó, então com nove anos, foi enganada e capturada na África: um dia Maria Konigbagbe estava na aldeia e mandaram que ela entregasse certa encomenda em um navio; assim que chegou, foi presa e depois trazida para o Brasil como escrava.

Stella recebeu da avó Theodora "a herança do candomblé". Esse legado muitas vezes representou uma carga para sua existência. Vivendo em um meio predominantemente branco, inibidor das "práticas animistas e esquisitas dos negros", ela se viu por isso diante de várias dificuldades. Mas os conflitos eram vividos no seio da própria família e, assim, amainados pelo amor. Embora passasse vergonhas ocasionais e se sentisse diferente dos outros, a menina sempre teve uma certeza firme e fortalecedora: ela era de Oxóssi, e isso a definia.

Desde os treze anos Stella começara a transgredir os padrões de conduta próprios de sua educação e a frustrar as expectativas familiares. Havia nela alguma coisa estranha, seu comportamento não era o esperado. "Será que é herança de santo de minha mãe?", conjeturava sua tia Arcanja – respeitável senhora casada com um tabelião –, que ocupava o posto de *arobá* (ou *equede*, ajudante das filhas-de-santo) no Gantois e de *sobaloju* no Opô Afonjá desde os tempos de Mãe Aninha, de quem era afilhada.

Na tentativa de solucionar o problema, Stella foi levada ao *oluô* (jogador de búzios) Pai Cosme de Oxum, o qual declarou que ela deveria ser iniciada e que seu caminho era de ialorixá. Com isso a situação complicou-se ainda mais, e dona Arcanja decidiu consultar Mãe Menininha, ialorixá do Gantois. Dona Joaninha, que cuidava de Stella no lugar da mãe, sempre atarefada nos afazeres domésticos e por vezes doente, acompanhou Stella na consulta. Depois de muita demora, uma filha da casa apareceu e avisou que ninguém mais seria recebido por Mãe Menininha naquele dia. Aborrecida, dona Joaninha foi embora e relatou o fato a dona Arcanja, que resolveu levar a menina ao Ilê Axé Opô Afonjá. Mãe Stella conta o que Mãe Menininha falaria mais tarde a respeito do sucedido: "Stella era para ser daqui, mas não foi por causa de um recado mal dado."

Stella então apresentou-se a Mãe Aninha, que a esse tempo cuidava também do Ilê Axé Opô Afonjá do Rio de Janeiro. Premida por suas tarefas religiosas, Mãe Aninha entregou a menina aos cuidados de Mãe Senhora, então *ossi dagã* (a dagã da esquerda do Axé), e ela foi conduzida à Ilha de Itaparica, para resolver os problemas do *egum* – isto é, do espírito – de sua avó Theodora. Em 12 de setembro de 1939, aos 14 anos, Stella foi iniciada por Mãe Senhora.

A própria Stella comenta que, quando foi realizada sua iniciação, ela "não pensava em nada", "não tinha noção" do que estava acontecendo. E acrescenta:

> É interessante o desígnio, a força dos orixás. Meu caminho era ser ialorixá. Se tivesse ficado no Gantois, casa que guarda os santos de minha avó e meus tios, não poderia realizar meu caminho.[2] Só em 1976, quando fui escolhida iá, entendi isso.... é engraçado a força do *odu*, do destino. Era uma guerra de orixás. Minha herança era de Iansã – minha avó Theodora –, mas Odé me queria.[3]

Depois da iniciação, Maria Stella de Azevedo Santos recebeu o nome de Odé Kayodê. Esse processo todo estruturou sua individualidade, exercendo uma ação estabilizadora. Além disso, com ele acrescentava-se mais um elo à longa corrente que cruzara os mares, ligando Brasil e África. A cultura africana estava presente aqui e se impunha pelo aspecto religioso. A despeito do movimento despersonalizador representado pela aculturação – e consentido pelos afro-descendentes –, um ponto permanecera incólume e íntegro: o renascimento, o fato de receber um *orucó* (nome de iniciação). O nome não podia ser entendido como batismo nem traduzido como um apelido, ele era uma vida que se iniciava. Maria Stella era Odé Kayodê, Odé Kayodê era Maria Stella. Assim estavam ultrapassados impasses e divisões, havia uma terra imensa a ser semeada e cultivada.

Lizete Fernandes Copique, prima, companheira de infância de Mãe Stella e iniciada no Gantois, relembra: "Vi Stella voltar para casa de cabeça raspada, com 14 anos. De vez em quando ela caçava; mandava que eu e seus irmãos sentássemos e caçava, dançando; era igual ao que se vê hoje no barracão."

Seguindo os passos de uma família de classe média da época, uma das irmãs de Stella tornou-se bibliotecária, e outra foi professora, entre 1930 e 1960, de uma das escolas de elite mais tradicionais da Bahia – o Colégio Nossa Senhora Auxiliadora, da professora Anfrízia Santiago. Lá também Maria Stella iniciou seus estudos, graduando-se mais tarde, em 1945, na Escola de Enfermeiras da Bahia.

Os anos se passaram, Stella passou a trabalhar em um centro de saúde de Salvador. Como todas as outras jovens, passeou, namorou e casou. Não teve filhos e separou-se do marido algum tempo depois do casamento. Dedicada à sua

A menina Stella (na segunda fila, a terceira da esquerda para a direita) estudou em uma das escolas de elite mais tradicionais da Bahia, o Colégio Nossa Senhora Auxiliadora. Era a única aluna negra de sua sala.

Os pais de Maria Stella, Esmeraldo Antigno dos Santos e Thomazia Azevedo Santos. Descendentes de escravos, faziam parte de uma família de classe média, no início do século XX, em Salvador.

Aos 13 anos de idade, época em que teria começado a transgredir os padrões de conduta próprios de sua educação. "Seria herança de santo da avó?" – perguntavam-se os parentes.

Foto do álbum de formatura na Escola de Enfermeiras da Bahia, em 1945. Maria Stella de Azevedo Santos chegou a exercer a profissão em um centro de saúde de Salvador depois de já iniciada no candomblé.

Mãe Senhora (sentada, à direita) com Stella (de pé, também à direita), junto a outros membros da comunidade e visitantes do Ilê Axé Opô Afonjá, na década de 1950. Nessa época Mãe Senhora era a ialorixá do Axé.

Em 1964 Stella era kolabá (título relacionado ao culto de Xangô) do Ilê Axé Opô Afonjá. A seu lado, a ebômi Haydé, atual ocupante do posto de kolabá de Xangô.

A então kolabá *de Xangô em companhia do* balogum *Moacyr Nobre, em 1964, no Ilê Axé Opô Afonjá.*

Odé Kaiodê – nome de iniciada de Mãe Stella – na foto de sua posse como ialorixá do Ilê Axé Opô Afonjá, em 17 de junho de 1976. (Foto Bruno Füher)

Mãe Stella, aos 55 anos, quatro anos após ser escolhida ialorixá do Axé.

No hotel em Oshogbo, na Nigéria, em 1981. Mãe Stella visitou templos e casas de orixás, e ficou impressionada ao identificar na África os cantos e rituais também presentes em seu ilê na Bahia.

Em 1985, durante uma conferência. Mãe Stella tem sempre a preocupação de se manter informada, participando de congressos e fazendo conferências para evitar, como diz, "que o outro informe errado". (Foto Iraildes Mascarenhas)

Em 1987, durante a comemoração da Semana Brasileira na República do Benin, na África. Mãe Stella integrou a comitiva organizada por Pierre Verger. (Foto Arlete Soares)

Em Benin, Mãe Stella representava uma cultura e uma tradição africanas que mantêm seus laços com o Brasil. A liderança religiosa da ialorixá já era reconhecida internacionalmente. (Foto Artele Soares)

Os 50 anos de iniciação de Mãe Stella de Oxóssi, em 1989, foram marcados por diversas homenagens e comemorações por parte de seus "filhos" e também de órgãos governamentais da Bahia.

Em 1990 Mãe Stella recebeu a Honra ao Mérito de Grão Mestre de Cavalheiros, um reconhecimento público do trabalho que realiza no Ilê Axé Opô Afonjá. (Foto Parlamentar, Américo Martins)

Mãe Stella em uma conferência em 1998, em Londres. As viagens custam-lhe tempo e cansaço, mas deixam clara sua grande flexibilidade.

Em 1999, Stella de Oxóssi recebeu a Medalha de Ordem ao Mérito da Cultura, concedida pelo Ministério da Cultura brasileiro. A comunidade se reuniu no barracão do Ilê Axé Opô Afonjá para assistir à cerimônia.

Mãe Stella em fevereiro de 2000, no barracão do Ilê Axé Opô Afonjá.

mãe-de-santo, Mãe Senhora, e às obrigações com os orixás, ela passou a ser *kolabá*, título relacionado ao culto de Xangô, em 29 de junho de 1964. Filha dileta de sua mãe-de-santo, pouco a pouco foi iniciada nos grandes mistérios e segredos do candomblé. Ainda em vida de Mãe Senhora, já era sua principal interlocutora e auxiliar.

O Ilê Axé Opô Afonjá, terreiro da nação queto, foi fundado em 1910 por Mãe Aninha (Obá Biyi), sua primeira ialorixá, em São Gonçalo do Retiro, no bairro do Cabula, em Salvador.

Após a morte de Mãe Aninha, em 1938, o comando passou a Mãe Bada, que permaneceu como ialorixá do terreiro até 1941. Depois assumiu Mãe Senhora, que conduziu o Axé de 1942 a 1967. Mãe Ondina sucedeu-a no cargo de 1969 a 1975.

Mãe Stella de Oxóssi foi escolhida ialorixá em 19 de março de 1976, de acordo com o livro de atas do Conselho Religioso do Ilê Axé Opô Afonjá. O jogo de búzios que a indicou foi realizado pelo *oluô* ("aquele que vê", o jogador de búzios) professor Agenor Miranda. A escolha de uma ialorixá realiza-se em geral no jogo de búzios, embora isso nem sempre seja necessário nos terreiros em que a sucessão segue o critério consangüíneo, como o Gantois, por exemplo.

Mãe Stella não era uma das integrantes mais antigas da casa, e a surpresa produzida por sua indicação ilustra as considerações feitas no capítulo anterior a respeito de ancestralidade, hierarquia e realização do caminho. Além disso, foi escolhida quando ali ainda estavam presentes as filhas de Mãe Aninha, inclusive dona Eutrópia Maria de Castro, conhecida como Pinguinho, *iaquequerê* da casa desde o tempo de Mãe Ondina. No papel de auxiliar imediata e eventual substituta da ialorixá em vida, a *iaquequerê* pode ser indicada para sucedê-la. Mãe Ondina, por exemplo, que ocupava essa função no Ilê Axé Opô Afonjá, foi escolhida como substituta de Mãe Senhora.

A cerimônia está assim registrada na ata do Conselho Religioso do Ilê Axé Opô Afonjá:

Aos dezenove dias do mês de março de 1976, ... presentes 136 pessoas, todas com suas assinaturas gravadas no livro de atas do Conselho Religioso deste Axé, às 10 horas e 45 minutos, no barracão, eu, Fernando José Pacheco Vasquez, secretário da Sociedade Civil (Obá Xorum), dirigi-me a todos os presentes, solicitando que se aproximassem da mesa onde seria realizado o jogo para a escolha da futura ialorixá, uma vez que, antes do jogo ser iniciado, o professor Agenor Miranda, babalaô, considerado o único oluô no Brasil, filho espiritual da falecida Eugênia Anna dos Santos (Mãe Aninha), irmão da também falecida Ondina Valéria Pimentel, vindo do Rio de Janeiro exclusivamente para esta cerimônia, [e irá] ... fazer uma dissertação do que acontecerá em seguida. Com a segurança que lhe é peculiar, e a franqueza de sempre, ele se dirigiu aos presentes nos seguintes termos: "Não estou aqui para ser agradável a quem quer que seja. Sei que muitos dos presentes já fizeram sua escolha, porém eu estou aqui para cumprir a determinação de Xangô, e advirto a todos os filhos e filhas, obás e ogãs, e a todos [os] vinculados a este Axé que [a] vontade de Xangô é lei, é sagrada, e sua escolha, sobre quem quer que caia, terá de ser por todos acatada e respeitada, e a filha deste Axé que for por ele escolhida não deverá se deixar levar pelo coração, e deverá, sim, agir com justiça e sabedoria, promovendo a união de todos, e acima de tudo ter pulso forte para manter a hierarquia, doa em quem doer." A hierarquia, ele repetia ... tinha de ser mantida acima de tudo. Sentou-se em seguida para dar início ao jogo. Ao seu lado direito estava sentada Eutrópia de Castro (iaquequerê); ao seu lado esquerdo o assobá Deoscóredes dos Santos; e em volta destes, representações do Engenho Velho, Gantois, Bate-Folha e de diversas outras casas da Bahia e do Rio de Janeiro, e ainda os membros do Conselho Religioso. O professor Agenor Miranda segurou os búzios e concentrou-se. Todos os presentes conservaram um silêncio absoluto, atentos ao professor. ... O professor Agenor se dirigiu aos presentes, dizendo que se, ali, naquele momento, houvesse algum oluô ou pessoa que [soubesse] ... ler nos búzios, que se aproximasse e viesse ler e constatar o que ali estava determinado por Xangô. Em seguida, como é de praxe, o assobá partiu um orobô e pediu a Xangô confirmação do que disseram os búzios, e por duas vezes seguidas a palavra foi confirmada com alafia. O professor Agenor procurou saber quem atendia pelo nome de Odé Kaiodê, e Stella Azevedo se apresentou e foi notificada pelo professor Agenor ser ela a escolhida por Xangô para dirigir os destinos do Axé. Dirigindo-se a mim, solicitou que eu notificasse em voz alta o que Xangô acabara de determinar. Comuniquei aos presentes que, por determinação e vontade de Xangô, fora escolhida a filha do Axé de nome Stella Azevedo – Odé Kaiodê, kolabá – para ser a ialorixá a partir daquele instante. Todos os presentes acolheram minhas palavras de pé e com uma salva de palmas. Em seguida, um a um, os filhos deste Axé de Opô Afonjá, os representantes das diversas casas ali presentes, os visitantes, todos, enfim, foram cumprimentar a nova ialaxé, que se curvava à vontade de Xangô, e como mais nada atinente ao assunto tivesse de ser registrado, encerrei a ata feita no livro de atas do Conselho Religioso, assinando a mesma, em Salvador, 19 de março de 1976, eu, Fernando José Pacheco Vasquez, secretário (Obá Xorum), o presidente Carybé, senhor Hector Bernabó (otum Obá Onassocum) e os diretores presentes, Mario M. Bastos, Deoscóredes Maximiliano dos Santos.

A família de Mãe Stella sempre foi muito unida e possui um sentimento visceral de fraternidade. Perguntei a suas irmãs – dona Milta e dona Corynththa – o que sentiram quando Mãe Stella foi escolhida ialorixá. As duas responderam em uníssono: "Ficamos apavoradas, chocadas."

Dona Milta explicou que não conseguia aceitar o peso da responsabilidade que caía sobre os ombros da irmã. "Corri para dona Menininha do Gantois, implorando que ela desse um jeito, mas ela, Mãe Menininha, disse: 'Isso não é comigo, isso é com os orixás, eles sabem que Stella tem força, eles a conhecem.' Vi que era um poder maior e lembrei de Camões, 'Cesse tudo o que a Musa antiga canta, que outro valor mais alto se alevanta...' Vi que não podia fazer nada."

3

Uma típica filha de Oxóssi

Falar de Maria Stella de Azevedo Santos é fazer referência sobretudo a três atributos que a caracterizam: estabilidade, flexibilidade e coragem. É o *ofá* (arco-e-flecha) de Oxóssi, inteiro, forte e estável, ao mesmo tempo flexível, sempre pronto a disparar a seta.

Estabilidade

Mãe Stella sempre toma suas decisões dialogando, relacionando-se com o outro, atitude que é fruto do constante amadurecimento e da filtragem do diálogo que estabelece consigo mesma. Exercendo temperança e equilíbrio, com atitudes por vezes vistas como conciliatórias, ela efetivamente realiza e constrói.

Em 1976, quando foi escolhida ialorixá, o Ilê Axé Opô Afonjá havia atravessado um ano de lutas e estava acéfalo, sem comando. Nesse ano de indefinição que precedeu a escolha de uma nova ialorixá, surgiram lideranças, as casas dos orixás foram recuperadas, assim como o barracão. Alguns desses atos davam continuidade ao que Mãe Senhora realizara, outros não. Mãe Stella fez o rio voltar ao seu curso. Os princípios e as tradições africanas ficaram nítidos, por exemplo, quando ela evitou que emergissem orientações divergentes, ao declarar: "O poder de uma ialorixá não pode ser dividido."

Quando esteve em Oshogbo, na Nigéria, em 1981, Mãe Stella visitou templos e casas de orixás. Ela cumprimentava as pessoas, era recebida por todos e, uma vez, ao entoar um canto para Oxum, à sua voz incorporaram-se outras. Houve total entendimento e todos se emocionaram. O mesmo se deu nas cidades de Ede e Ile-Ifé. Iá Stella ficou muito impressionada, porque aqueles eram os mesmos cânticos e rituais praticados na Bahia. Alegrou-se por ver coisas que são familiares em seu Ilê: o *xerê* (chocalho) de Xangô, o *orobô* (noz-de-cola) e o *obi* (cola) cerimoniais. Apesar das barreiras lingüísticas, fez amigos e foi homenageada. Em 1983 o professor Wande Abimbola, à época reitor da Universidade de Ile-Ifé, fez questão de realizar em Salvador, na Bahia, a II Conferência da Tradição dos Orixás, porque sabia haver nessa cidade brasileira raízes profundas da cultura iorubá.

Alguns anos depois, em 1987, durante a comemoração da Semana Brasileira na República de Benin, na África, Mãe

Stella integrou a comitiva organizada por Pierre Verger e composta por pais e mães-de-santo, políticos, artistas e pesquisadores brasileiros. Sua presença mereceu destaque, e ela foi recebida com honras de líder religiosa, membro e defensora de uma cultura e de uma tradição.

Quando estávamos planejando o museu do Ilê Axé Opô Afonjá, ainda em 1981, ela me contou a seguinte história:

Era uma vez um rei muito importante, o mais importante de todos, que precisava escolher um sucessor e não sabia quem. Reuniu aqueles que julgava inteligentes e dignos de sucedê-lo e mandou-os viajar pelo Aiê. Vitorioso seria o que recebesse mais honras. Todos partiram juntos, vestidos de belas roupas e jóias, menos Oxé, que era muito pobre, estava mal vestido e carregava um velho saco. Em cada país que chegavam, os bem vestidos e ricos eram homenageados, comiam de tudo, do bom e do melhor; e Oxé, o pobre, recebia a cabeça, os pés e as asas dos animais. Ele aceitava resignado a parte que lhe cabia; comia, depois deixava os ossos secarem ao sol e guardava-os dentro do saco. E assim acontecia por todos os países por onde andavam: Oxé sempre comendo cabeças, pés ou asas e guardando os ossos secos. Eles voltaram e se apresentaram ao rei, contando todas as homenagens e banquetes que haviam recebido, e Oxé calado. "E quem prova tudo isso?", perguntou o rei. Enquanto os outros ficaram parados, calados e espantados, Oxé deu um passo à frente, abriu o saco e dele foi tirando cabeças, pés e asas que provavam as homenagens por ele recebidas. O grande rei, feliz e satisfeito, fez Oxé sentar-se ao trono.

Quando terminou Mãe Stella ainda acrescentou: "Agora eu entendo o que minha Mãe Senhora queria me dizer quando contava isso." Também eu pude perceber que o que ela acabara de falar demonstrava seu empenho para criar o museu. Essa história virou emblema fundamental do museu Ilê Ohun Lailai, e lá se encontra exposta.

O critério de Mãe Stella é continuar, manter, preservar. Foi educada assim, mas sua lucidez também a orienta, e ela sabe – exercendo muito bem este saber – que só se mantêm as coisas mudando-as. Em seu livro *Meu tempo é agora*, essa relação ficou bem explicitada:

> Religião é cultura. A religião estática perecerá. Daí a necessidade de palestras, debates, viagens e outros movimentos que "sacudam" o povo do candomblé. Como sinal dos tempos, não é mais possível a prática da Crença Orixá sem reflexões, estudos e entrosamentos. Não podemos ficar confinados no Axé. A tradição somente oral é difícil. Os olorixás têm que se alfabetizar, adquirir instrução para não passar pelo dissabor de dizer sim à própria sentença.[1]

Para manter é necessário mudar. Os antigos romanos já diziam: "*Si vis pacem, para bellum*" (se queres paz, prepara-te para a guerra). Paradoxos e antinomias são constantes no dia-a-dia de qualquer ser humano. Alguns transformam isso em frustração e mágoa; outros entendem a armadilha e dela fogem, diminuindo seu raio de ação. Mãe Stella vê paradoxos e antinomias como labirintos: quando bem equacionados, indicam a própria saída. Para ela sempre há harmonia e união, a questão é descobrir isso e trabalhar, como diz, tirando as pedras do caminho. E acrescenta: "Só que tem de ser firme, ter fé. O orixá vai mostrar o caminho, vai resolver."

Com essa atitude e motivação, Mãe Stella oficializou a posse da terra comprada por Mãe Aninha e, nesse empenho, viabilizou a vida de cem famílias que moram na comunidade do Opô Afonjá. Ela encontra emprego para um, cuida de outro, empresta dinheiro para abrir um negócio, solicita de um amigo ajuda para a manutenção do telhado da casa dos orixás, pede ao prefeito para providenciar a contenção das encostas. Estimulou a criação da escola municipal que funciona dentro do terreiro, incentiva a homepage do Axé Afonjá e encoraja os projetos Mobilização Criança em Risco (responsável pela manutenção de oficinas profissionalizantes para crianças e adolescentes) e a Casa de Alaká (centro dedicado à confecção de panos da costa em tear).

A ialorixá estimula a união das casas de candomblé, promove o Alaiandê Xirê (festival anual dos tocadores de atabaque) e a Feira de Cultura Africana, além de apoiar a realização de filmes e vídeos sobre a vida comunitária do Axé. Ela participa de congressos, decide, constrói, muda, estabiliza a comunidade e serve como exemplo. Não foi por acaso que a Organização dos Estados Americanos (OEA), por meio de seu representante em Washington, disse a Mãe Stella que, na América Latina, ela já é considerada a mulher mais importante das Américas.

Stella de Oxóssi é emblemática. Seria isso carisma? Talvez, mas o principal elemento estruturador, o nutriente de tudo isso, é sua capacidade de polarizar antíteses. Esse processo por ela realizado é quase uma mágica. Mãe Stella é feiticeira, põe ordem nas coisas e resolve as contradições à medida que as enfrenta.

A atuação que teve na II Conferência Mundial da Tradição dos Orixás e Cultura – quando mostrou que o sincretismo estava caduco e gasto – exemplifica a lucidez, a arte e a magia que ela domina com flexibilidade. Em carta aberta ao público, aprovada e aclamada na conferência, defendeu com firmeza sua posição, ao lado de outras ialorixás baianas.

Ao público e ao povo do candomblé

As iás e os babalorixás da Bahia, coerentes com as posições assumidas na II Conferência Mundial da Tradição dos Orixá e Cultura, realizada durante o período de 17 a 23 de julho de 1983, nesta cidade, tornam público que depois disso ficou claro ser nossa crença uma religião, e não uma seita sincretizada.

Não podemos pensar nem deixar que nos pensem como folclore, seita, animismo, religião primitiva, como sempre vem ocorrendo neste país, nesta cidade, seja por parte de opositores, detratores: muros pichados, artigos escritos – "Candomblé é coisa do diabo", "Práticas africanas primitivas ou sincréticas" –, seja pelos trajes rituais utilizados em concursos oficiais e símbolos litúrgicos consumidos na confecção de propaganda turística, e ainda nossas casas de culto, nossos templos incluídos, indicados na coluna do folclore dos jornais baianos.

Ma bèrú, Olorun wa pelu awon omorisa.

Salvador, 27 de julho de 1983

Menininha do Gantois, ialorixá do Axé Ilê Iya Omin Iyamassé; Stella de Oxóssi, ialorixá do Ilê Axé Opô Afonjá; Tete de Iansã, ialorixá do Ilê Nassô Oká; Olga de Alaketo, ialorixá do Ilê Maroia Lage; Nicinha do Bogum, ialorixá do Zogodô Bogum Malê Ki-Rundo

Menos de um mês depois, como a imprensa não divulgara na íntegra a primeira carta – além de explorar de maneira inadequada seu conteúdo – seguiu-se uma segunda, mais detalhada quanto às resoluções da reunião.

Ao público e ao povo do candomblé

Vinte e sete de julho passado deixamos pública nossa posição a respeito do fato de nossa religião não ser uma seita, uma prática animista primitiva. Conseqüentemente rejeitamos o sincretismo como fruto da nossa religião, desde que ele foi criado pela escravidão à qual foram submetidos nossos antepassados. Falamos também do grande massacre, do consumo que tem sofrido nossa religião. Eram fundamentos que podiam ser exibidos, mostrados, pois não mais éramos escravos nem dependemos de senhores que nos orientem. Os jornais não publicaram [a carta] na íntegra; aproveitaram [o conteúdo] para notícias e reportagens.

Quais os peixes colhidos por esta rede lançada? Os do sensacionalismo por parte da imprensa, onde apenas os aspectos do sincretismo e suas implicações turísticas (lavagem do Bonfim etc.) eram notados; por outro lado apareceram a submissão, a ignorância, o medo e ainda a "atitude de escravo" por parte de alguns adeptos, até mesmo ialorixás, representantes de associações "afro", buscando ser aceitas por autoridades políticas e religiosas. Candomblé não é uma questão de opinião. É uma realidade religiosa que só pode ser realizada dentro de sua pureza de propósitos e rituais. Quem assim não pensa, já de há muito está desvirtuado; por isso podem continuar sincretizando, levando iaôs ao Bonfim, rezando missas, recebendo os pagamentos, as gorjetas para servir ao pólo turístico baiano, tendo acesso ao poder, conseguindo empregos etc.

Não queremos revolucionar nada, não somos políticos, somos religiosos; daí nossa atitude ser de distinguir, explicar, diferençar o que nos enriquece, nos aumenta; tem a ver com nossa gente, nossa tradição e o que se desgarra dela, mesmo que isso esteja escondido na melhor das aparências. Enfim, reafirmamos nossa posição de julho passado, deixando claro que de nada adiantam pressões políticas, da imprensa, do consumo, do dinheiro, pois o que importa não é o lucro pessoal, a satisfação da imaturidade e do desejo de aparecer; mas sim a manutenção da nossa religião em toda a sua pureza e verdade, coisa que infelizmente, nesta cidade, neste país, vem sendo cada vez mais ameaçada pelo poder econômico, cultural, político, artístico e intelectual. Vemos que todas as incoerências surgidas entre as pessoas do candomblé que querem ir à lavagem do Bonfim carregando suas quartinhas, que querem continuar adorando Oiá e Santa Bárbara como dois aspectos da mesma moeda, são resíduos, marcas da escravidão econômica, cultural e social que nosso povo ainda sofre. Desde a escravidão que preto é sinônimo de pobre, ignorante, sem direito a nada a não ser saber que não tem direito; é um grande brinquedo dentro da cultura que o estigmatiza, [e] sua religião também vira brincadeira. Sejamos livres, lutemos contra o que nos abate e nos desconsidera, contra o que só nos aceita se nós estivermos com a roupa que nos deram para usar. Durante a escravidão o sincretismo foi necessário para a nossa sobrevivência; agora, em suas decorrências e manifestações públicas, gente de santo, ialorixás realizando lavagem nas igrejas, saindo das camarinhas para as missas etc., nos descaracterizam como religião, dando margem ao uso da mesma como coisa exótica, folclore, turismo. Que nossos netos possam se orgulhar de pertencer à religião de seus antepassados, que ser preto, negro, lhes traga de volta a África, e não a escravidão.

Esperamos que todo o povo do candomblé, que as pequenas casas, as grandes casas, as médias, as personagens antigas e já folclóricas, as consideradas ialorixás, ditas dignas representantes do que se propõem, antes de qualquer coisa considerem sobre o que estão falando, o que estão fazendo, independente do resultado que esperam com isso obter.

Corre na Bahia a idéia de que existem quatro mil terreiros; quantidades nada expressam em termos de fundamentos religiosos, embora muito signifiquem em termos de popularização, massificação. Antes o pouco que temos do que o muito emprestado.

Deixamos também claro que nosso pensamento religioso não pode ser expressado através da Federação dos Cultos Afros ou outras entidades congêneres, nem por políticos, ogãs, obás ou quaisquer outras pessoas que não os signatários desta [carta]. Todo esse nosso esforço é por querer devolver ao culto dos orixás, à religião africana, a dignidade perdida durante a escravidão e [os] processos decorrentes da mesma: alienação cultural, social e econômica que deram margem ao folclore, ao consumo e [à] profanação da nossa religião.

Salvador, 12 de agosto de 1983

Menininha do Gantois, ialorixá do Axé Ilê Iya Omin Iyamassé; Stella de Oxóssi, ialorixá do Ilê Axé Opô Afonjá; Tete de Yansã, ialorixá do Ilê Nassô Oká; Olga de Alaketo, ialorixá do Ilê Maroia Lage; Nicinha do Bogum, ialorixá do Zogodô Bogum Malê Ki-Rundo

Flexibilidade

Em sua comunidade Mãe Stella tem padres dominicanos e franciscanos como postulantes à iniciação. Faz palestras em Londres e Nova York, fica emocionada com as condecorações e comendas que recebe. Entender as críticas e restrições, mesmo de seus filhos-de-santo, como um direito do outro é uma atitude freqüente em seu cotidiano.

A ialorixá tem a preocupação de estar sempre atualizada e escreveu um livro produzido no seio de uma cultura de tradição oral, afirmando que isso é manter seu legado. Participa de congressos e conferências para evitar, como diz, "que o outro informe errado". Isso custa-lhe tempo e cansaço, mas também elucida sua grande flexibilidade.

O primeiro pronunciamento público de Mãe Stella foi na II Conferência Mundial da Tradição dos Orixás e Cultura, em 1983, quando lançou o brado contra o sincretismo. Daí por diante nunca mais parou. Participou da 8ª Conferência sobre Cultura no Caribe, esteve presente no Seminário das Nações de Linha Iorubá, no Seminário de Psiquiatria e Religiosidade, no Encontro de Ialorixás e Babalorixás, todos realizados em Salvador, Bahia. Em 1985 participou da III Conferência Mundial da Tradição dos Orixás e Cultura, em Nova York, e alguns anos depois voltou aos Estados Unidos para uma conferência sobre "Religião afro-brasileira" na Universidade Howard em Washington. Aqui no Brasil, Stella de Oxóssi falou para estudantes do curso de pós-graduação da Escola de Ciências Sociais da Universidade de São Paulo (USP) sobre "Sincretismo religioso". Ainda na

USP, fez uma conferência sobre "Resistência pela religião", no Congresso intitulado "Escravidão". Também em São Paulo, no Conselho da Comunidade Negra, proferiu palestra sobre vários temas relativos à cultura afro-brasileira.

Mãe Stella muitas vezes se surpreende, pode ficar indignada, mas nunca se abate. Há pouco tempo foi convidada por uma emissora de televisão para gravar declarações sobre o candomblé. Garantiram-lhe que não se tratava de uma produção sensacionalista, e ela confiou. Quando assistiu ao programa, viu que sua participação estava mesclada a imagens profanadoras, que o candomblé era tratado como uma religião animista. Percebeu como fora usada, lamentou e transformou o episódio em mais uma lição aprendida.

Uma vez eu lhe perguntei: "Essa tolerância... é sua formação cristã que ainda atua?". E ela respondeu: "Não. A planta boa sempre tem que ser cultivada junto com a má, sou nagô", riu e depois acrescentou: "Meu orixá é Odé, caçador, ele me ensinou a compreender os sinais, me ensinou a ver que tudo pode ser um sinal, uma indicação do caminho. Observo muito, aprendi isso com ele, com meu pai Odé: se você não chega à caça, você não consegue caçar."

Inúmeras vezes comentam com Stella de Oxóssi se ela já notou como a roda do barracão está ficando "branquinha", como o Axé passou a ser freqüentado por muitos brancos, e ela diz: "São os tempos. O orixá se espalha. A nossa religião é universal, todos são filhos do orixá."

Flexível como um bambu, Mãe Stella não se quebra, não se atrapalha. Está armando o arco para a flecha e mantendo a tradição de seus ancestrais. *Ofá nfa* (a seta disparada), conquista corações, mentes e instituições.

Mãe Stella esclarece e decide, preserva e muda, é uma mulher corajosa – como se pode depreender dos trechos de uma entrevista concedida pela ialorixá.

Muita gente achou que, quebrando o sincretismo, estaria traindo a memória da mãe-de-santo. Aqui também [no Ilê Axé Opô Afonjá] seguia-se a linha do sincretismo. Mas quando cheguei aqui, vi que não tinha nada a ver. Aqui nós conseguimos acabar com isso. Se eu morrer amanhã, e alguém quiser voltar para o sincretismo, isso não vai vigorar. Mas outras casas tradicionais, inclusive casas que assinaram o manifesto [da II Conferência Mundial da Tradição dos Orixás e Cultura], continuam com a prática do sincretismo. Não é porque sejam descrentes. Eu acho que elas não querem comprar briga, entrar em confronto com a memória das mães-de-santo. Cabe aos mais novos acordar para a realidade das coisas e ver que não há mais necessidade desta mistura vã, porque [ela] não constrói para lado nenhum. Como dar acarajé no pé de Santa Bárbara? Isso não tem sentido. Posso até ir a uma missa como uma atividade social, mas os rituais não podem ser misturados. Isso enfraquece toda e qualquer religião.

...

A verdadeira religião por si só se valoriza. Não precisa encostar-se em outra para mostrar que tem valor. Isso é medo de mudar, é querer continuar como no tempo da escravidão. Não me acho isolada, pois estou tendo o apoio dos mais novos. Eles compraram a minha briga, a minha idéia. E a maioria deles não tem atitudes de sincretismo. Os mais velhos pensam que, agindo assim, [estariam] traindo a memória de pais e mães-de-santo. Pensam, erroneamente no meu entender, que mantendo o sincretismo estão cultuando a ancestralidade.[2]

Sobre seu trabalho em prol da preservação do espaço físico do Ilê Axé Opô Afonjá e seu tombamento em 1999 pelo Instituto do Patrimônio Histórico e Artístico Nacional (IPHAN), Mãe Stella fala nessa mesma entrevista, demonstrando mais uma vez sua flexibilidade:

[O tombamento] é uma garantia do espaço físico da roça do Axé frente à especulação imobiliária e às invasões. Estou cansada, já não posso mais cuidar disso aqui sozinha, ... e essa parceria vai ser boa nesse sentido.

...

A preservação ambiental é inerente à religião do candomblé. Se você é do candomblé, tem que cultuar a natureza, os vegetais, as pedreiras, os rios, tudo isso são elementos de adoração para nós. É evidente que a gente, se adora, tem que preservar, manter o ambiente limpo. Somos contra a colocação de oferendas (ebós) nas ruas aleatoriamente. Há muitas reservas florestais ainda na Bahia, locais designados nos quais podemos colocar nossas oferendas. Não faz sentido arriar uma oferenda no Largo da Graça, por exemplo, porque vira lixo. Não deve ser assim, há locais apropriados.[3]

A maleabilidade de Mãe Stella também está presente em suas palavras sobre a cultura negra no país e em sua preocupação com a questão social do negro brasileiro.

Através da religião, do axé, mantivemos intacta a força de nossa cultura. Graças à força dos orixás resistimos à opressão. Mas é bom lembrar que a cultura iorubá permaneceu até hoje porque a leva de africanos trazidos como mão-de-obra escrava oriunda dessa nação foi mais recente, deu-se no último século da escravidão. Conseguimos essa graça e, por ter sido essa presença mais marcante aqui na Bahia, ficamos mais em condições de manter a tradição e os rituais. O candomblé tomou conta da Bahia, que é mágica por si só. Isso é uma vitória dos negros, de sua magia. A maioria das pessoas daqui é mestiça e portanto tem o sangue africano. Temos, então, essa energia alegre, de festa, de desinibição.

...

O povo de candomblé tem que ter instrução. Temos aqui uma escolinha que forma também para a cidadania (Escola Eugênia Anna dos Santos), damos informações sobre o candomblé e formamos essas crianças para que possam viver num mundo globalizado. Vamos introduzir informática, temos a prática de capoeira, música e jogos e procuramos evidenciar as contribuições do negro no mundo atual, sua cultura. Temos oficinas que dão condição de vida futura no mercado de trabalho, para que essas crianças e adolescentes não se transformem em marginais. O Ministério da Cultura, inclusive, está apoiando a escola. O estado também ajuda. Apesar do desemprego que vem acontecendo, aqui não temos ninguém sem ocupação.[4]

Coragem

O resultado da estabilidade flexível de Mãe Stella é a coragem de ser mulher, líder, negra e ialorixá. Tudo isso é considerado por ela como resultado do cumprimento de suas obrigações.

Quando comecei a pensar na elaboração deste perfil de Mãe Stella, um modelo, ou melhor, uma imagem, desenhou-se claramente para mim: o *ofá*, o arco-e-flecha de seu orixá Oxóssi. Ficaram bastante nítidas as marcas do caçador – e do *ofá* do orixá no dia-a-dia – nas atitudes de Mãe Stella, em que o arco é a estabilidade, a flexibilidade, e a flecha é a coragem, o pulo no abismo. Uma vez disparada a flecha, há o salto de alegria e a coragem de dizer: "Iansã não é Santa Bárbara". Isso tudo lembra a história do caçador de uma flecha só:

Certa vez uma bruxa metamorfoseada em pássaro sobrevoava uma comemoração realizada pelo rei de Ifé. A ameaça que ela representava era total, todos seriam destruídos. Chamaram-se vários caçadores para matar o grande pássaro do mal.[5] *Oxotogun, o caçador das vinte flechas, disparou todas as suas setas, mas não teve sucesso. O rei mandou prendê-lo. O mesmo aconteceu com Oxotogi, o caçador das quarenta flechas, e com Oxotadotá, o das cinqüenta flechas. Todos foram presos. Até que apareceu Oxotokanxoxô, o caçador de uma flecha só, dizendo que mataria o pássaro. Além de ser caçador (Odé), ele estava protegido por ofós (encantamentos) e ebós (sacrifícios) feitos por sua mãe. Oxotokanxoxô conseguiu matar a grande ave, que tombou estrondosamente ao chão. A notícia se espalhou pelo reino: Oxotokanxoxô venceu a feiticeira. Em comemoração ao feito, o rei libertou os caçadores presos e cada um deles ofereceu sacos de búzios a Oxotokanxoxô. O povo feliz gritava: "Osó wùsì!" (Grande feiticeiro!).*[6]

Assim, Odé o caçador, virou Oxóssi, o grande feiticeiro. Esse aspecto de Oxóssi também se explica por sua aliança e seu convívio com Ossaim, o orixá das folhas, que lhe deu uma poção mágica para beber, seduzindo-o e ensinando-lhe as artes mágicas.

Mãe Stella é de Oxóssi, enfeitiça a todos com sua firmeza e coragem. Essas marcas de Oxóssi – sobretudo a coragem – modelam sua vida.

Alguns discordam da ialorixá e reclamam de suas atitudes, considerando-as conciliatórias. São pessoas que só vêem a flexibilidade, não percebem que, quando parece conciliar, "colocar uma água", "não espalhar as brasas", como ela mesma diz, Mãe Stella tempera o que há de ferver, enriquecendo assim "os caldeirões" da mudança.

Ter fé e acreditar são sinais de coragem. É isso que propicia o salto no escuro, o pulo no abismo e o ânimo inquebrantável. Mãe Stella nunca parece se sentir sozinha. Ela luta contra a sombra do desânimo e, quando tudo parece estar perdido, reencontra-se e recria-se.

Stella de Oxóssi é humilde, acredita que todos podem ser como ela e pensa que o certo se atinge quando o incerto é domado. Transmite essa visão de mundo para as pessoas que a consultam no jogo de búzios, pois é uma grande *oluô* (jogadora de búzios). Orienta as vidas, organiza os destinos por meio dos acertos de *ori*, aplaca mágoas, e diz que não é ela que faz isso, mas o orixá, que fala pelos búzios. Declara-se, assim, uma simples mensageira. É exatamente aí, nessa coragem de levar e trazer a mensagem, de assumi-la e por ela lutar, que reside sua força, disciplina, sabedoria e coragem.

As palavras de Mãe Stella em entrevista concedida a um jornal mostram como suas atitudes continuam a se refletir sobre o ambiente religioso do candomblé. Diz ela, esclarecendo sua posição pública quanto ao sincretismo, à profanação dos rituais dos orixás e à perseguição que ainda sofrem seus adeptos:

A TARDE: *A senhora é tida como a ialorixá mais politizada que já reinou no Ilê Axé Opô Afonjá e gerou grande polêmica quando se colocou contra o sincretismo. ... Suas colocações ainda repercutem, especialmente no candomblé?*
MÃE STELLA: Ainda repercutem, de modo geral. Mas aqui em casa muita coisa mudou. Nós conseguimos nos tornar independentes e colocar cada religião em seu lugar. A católica de um lado, a protestante de outro, e o orixá também, no seu devido lugar.

Outra posição adotada pela senhora... foi o combate à profanação do culto, criticando a exploração dos trajes, ornamentos e ritmos rituais do candomblé durante o Carnaval de Salvador. Por quê?
Os espetáculos eram financiados por algumas pessoas que não tinham o mínimo conhecimento da pureza do candomblé. Estavam fora da realidade e confundiam o axé com plumas e paetês. Em 1993 voltei a defender essa posição, juntamente com representantes de outros terreiros, quando surgiu a proposta de se utilizar o tema na decoração do Carnaval de Salvador.

Como a senhora encara os pastores e bispos protestantes que insistem em associar a imagem do demônio ao candomblé?

Essa gente que faz isso, em princípio, é desinformada e não tem consciência do que seja a base de religião nenhuma. Porque quando você tem essa consciência e valoriza a sua religião, não precisa ficar atacando as outras. Eu até tenho pena deles, porque estão num desespero de causa muito grande.[7]

Comentando também suas posições em depoimento a uma revista, Mãe Stella revela que, embora profundamente enraizadas na tradição religiosa iorubá, suas atitudes não deixam de levar em conta a realidade social e histórica em que o candomblé se insere no Brasil e na Bahia em particular.

NEON: *O que a senhora acha do sincretismo?*
MÃE STELLA: Não tem mais valor na atualidade. Uma vez que você tenha consciência do que você pratica, consciência da força de cada orixá, logo, da força das obrigações que você faz, vê que, para que sua religião tenha valor, não é necessário que se misture com outra, e outra que a repele. Isso é resquício da escravidão. Antigamente, quando a repressão policial era intensa, a maioria dos candomblés tinha missa de São Jorge etc.

Mãe Aninha utilizou rituais sincréticos para fugir à repressão, a exemplo de outras mães-de-santo, como Menininha do Gantois?
No tempo dela, dava status pertencer à religião católica; uma negra do candomblé integrar a Irmandade da Boa Morte dava status. Como ela era uma figura que sempre se sobressaiu, vaidosa, é evidente que comparecia a esses rituais para fazer média com a soci-

edade, embora sua crença fossem os orixás. Naquele momento isso tinha sua função política (nos anos 1920, 1930). Mas se ela estivesse conosco na atualidade, ela, que foi uma mulher de vanguarda (Getúlio Vargas liberou o uso de atabaques nos candomblés a pedido de Mãe Aninha), teria visto que não há mais necessidade de fazer uma obrigação que é sacrificante e ainda ter que tomar bênção ao bispo, ouvindo ele dizer que isso é como acender uma vela a Deus e outra ao diabo. Mas hoje os religiosos estão agindo de maneira mais humana. Sabem que tanto para o santo quanto para o orixá não existe barreira para a crença; então o diálogo, e não o sincretismo, deve imperar. Com o sincretismo engana-se ao outro e a si próprio.

Muitos vêem o sincretismo como a religião própria dos mestiços. O que a senhora acha?
Quem faz isso não acredita em nada. Perde a força, o axé. Não tem por que eu pegar a fitinha do Senhor do Bonfim e botar aqui em Oxalá. Uma coisa não tem nada a ver com a outra. Só serve ao folclore e à deturpação das coisas do axé. São energias diferentes. Você sabe que orixás são forças da natureza, e os santos da religião católica são espíritos elevados, canonizados, beatificados. Para nós, eles são eguns.

Com o lançamento do livro Meu tempo é agora, *em 1993, a senhora quebrou uma tradição de oralidade no candomblé. Por que decidiu fazer isso?*
No próprio livro eu digo que o que não se registra o vento leva. O escrito possibilita a pesquisa, para tirar dúvidas. Fiz também com o cuidado de que os comandados por mim tenham noções de dis-

ciplina e hierarquia, o que no candomblé é fundamental. Que eles aprendam a respeitar o mais velho, a se relacionar com o outro, como chegar ao pé do orixá, como entrar numa casa de santo. É um manual de orientação para a turma aqui do Axé.

Qual o maior inimigo do candomblé hoje?
Os maiores inimigos do candomblé hoje são aqueles que o praticam aleatoriamente. Os que não conhecem os fundamentos, não têm base nem segurança no que fazem, distorcem tudo. São inescrupulosos. A polícia, o Estado e a Igreja não são mais inimigos. Inimigos são os adeptos entre aspas, que distorcem tudo, destruindo o candomblé. Os fanáticos de outras crenças também, mas [estes] não nos atingem.[8]

4

Aceitação da realidade e transformações

O grande segredo de Mãe Stella é a aceitação da realidade. Ela aceitou a realidade de ser discriminada, ser oprimida, ver sua religião marginalizada. Essa aceitação capacitou-a para enfrentar e mudar a realidade.

Quando se está preso à idéia de que toda mudança decorre de luta, revolta e desadaptação, responsáveis pela transformação social, não se consegue imaginar a aceitação como uma ação antitética. Só existe antítese se houver um ponto de encontro. O ponto de encontro das contradições é a própria antítese, isto é, a configuração do impasse e da impossibilidade. No contexto das relações humanas, a percepção desse ponto de encontro, das contradições, permite aceitar o que ocorre, independentemente de padrões valorativos, necessidades de sobrevivência ou desejos de mudança.

Negar uma realidade com o objetivo de criar outra é estabelecer vias paralelas que não configuram antíteses. Não há encontro nem integração das contradições. A revolta e a não aceitação estruturam o desejo, a necessidade de mudar e de não sofrer mais. Se há negação do fenômeno é impossível o encontro, e portanto a contradição. A negação do limite de uma dada situação estabelece a existência de paralelas que criam dualismos, responsáveis por divisões e fragmentações tanto no indivíduo quanto em suas relações com os outros.

Exemplo disso é a percepção de que o patrão que explora é o mesmo que alimenta, de que aquele que oprime também apóia. A vivência dessa contradição cria sentimentos de revolta, medo, culpa, angústia e resistência. Ao mesmo tempo que enseja luta, oportunismo e despersonalização, quebrando a individualidade e impedindo a mudança. A transformação surge apenas quando se percebe, por exemplo, que apoio e opressão são dois aspectos do mesmo processo. A percepção do limite estrutura as antíteses responsáveis por sínteses. A liberdade e a conseqüente quebra das barganhas abrem novos caminhos.

As estruturas sociais e econômicas – a cultura, enfim – freqüentemente deixam o ser humano aprisionado a padrões que devem ser seguidos ou evitados. Ele quer e precisa sobreviver, e a sobrevivência é uma necessidade que, quando transformada em possibilidade, despersonaliza e exila a liberdade de existir.[1] Uma das grandes questões humanas é como existir fora dos padrões sociais e econômicos e, ao mesmo tempo, estar neles e deles depender. Quanto maior for essa contradição, maior também será a possibilidade de se perceber e se descobrir como ser humano. Tal descoberta é libertadora, quebra as ordens contingentes e produz antíteses.

Quando o negro viu – no contexto opressor em que vivia e que o constituía como oprimido – que não era apenas um escravo, uma mercadoria, ele conseguiu polarizar as contradições e criar sínteses: os quilombos, por exemplo. Pôde transformar mágoas, raivas e revoltas em liberdade. Essa mudança foi possível pela aceitação de que era tratado como coisa e por saber que era um ser humano com inúmeras possibilidades de existir.

Aceitar a realidade é um processo que se caracteriza pela integração do limite. Freqüentemente a aceitação é confundida com conformismo, submissão àquilo que oprime, frustra e agride. Mas a integração do limite é o que ocorre quando vivenciamos o presente, quando, sem medo nem esperança, nos relacionamos com a realidade. O medo é a avaliação do que acontece em função de referenciais outros que não os do momento. São os *a priori*, os traumas, as certezas já assumidas que carregamos como filtros responsáveis por novas categorizações, preconceitos, estigmas, culpas, inferioridades e vivências já acontecidas e cristalizadas. Esperanças constituem anseios, vontades e desejos contextualizados no futuro. A questão da temporalidade é complexa na filosofia, na psicologia e na física, mas em certo sentido é simples quando relacionada com vivência e percepção.

Na década de 1940, ser mulher, negra e de candomblé era o estigma dos estigmas. Aceitar isso era admitir a realidade e seus limites. Através do processo de aceitação dessa circunstância foi possível para Mãe Stella transformação. Havia um elemento de transcendência que era a luz orientadora: a fé. A fé no seu orixá e nos desígnios de seu caminho fez de Mãe Stella de Oxóssi uma ialorixá, a mãe dona do orixá, que cuida dele, organiza, decide o que ele quer, sabe o que ele gosta de comer. Ela é a guardiã, a zeladora, como dizem alguns. A finalização de um processo que estabelece o início de outro é o eterno devir. As transformações se impõem, e ninguém conhece isso melhor do que uma iá. Essa

Mãe Stella em sua cadeira no barracão do Ilê Axé Opô Afonjá, em 1988.

As casas dos orixás são pintadas e adornadas, externa e internamente, de acordo com as cores e os gostos de cada orixá. A Casa de Xangô (acima) e a Casa de Iemanjá (abaixo), em 1976, ano em que Mãe Stella tornou-se ialorixá.

Casa de Oxóssi (acima) e Casa de Oxum (abaixo), em janeiro de 2003.

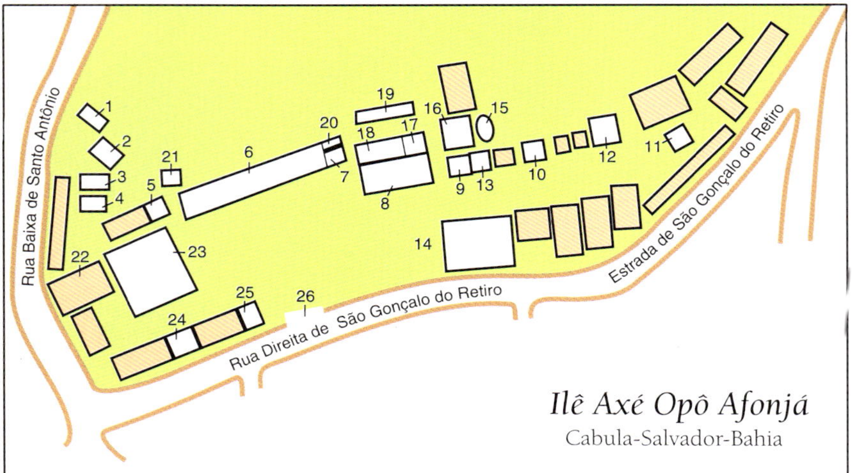

1. Casa de Oxum
2. Casa de Oxóssi
3. Casa de Iansã
4. Casa de Ogum
5. Casa de Omolu, Nanã e Oxumaré
6. Casa de Oxalá
7. Casa de Iemanjá
8. Casa de Xangô
9. Casa de Ossaim
10. Casa de Exu
11. Ibó (casa onde se veneram os mortos)
12. Museu Ilê Ohun Lalai
13. Lojinha
14. Escola Municipal Eugênia Anna dos Santos
15. Fonte de Oxum
16. Lanchonete
17. Biblioteca Ikójopó Ilê Iwê
18. Cozinha do Axé
19. Banheiros
20. Projeto Mobilização Criança em Risco (Mocan)
21. Baluê de Oxalá (tenda de Oxalá)
22. Residência da ialorixá
23. Barracão
24. Casa de Alaká (tecelagem artesanal do pano da costa)
25. Segurança
26. Portão de entrada do Terreiro

Residências

Planta atual da roça do Ilê Axé Opô Afonjá, no bairro de Cabula, Salvador evolução cria estabilidade, dá apoio, estabelece princípios e limites.

Mãe Stella não tinha ambições, não almejava vencer na vida, não buscava ser ialorixá. Seguia o que tinha que seguir e, assim, construía referenciais de transformação. Ela se individualizou, sabe quem é e espontaneamente participa dos processos que desencadeia e estrutura. Não tem mágoas nem rancores, assiste alegre a tudo o que mudou, mas sabe que muita coisa ainda deve ser alterada. Mãe Stella separa o joio do trigo, mas está atenta para o fato de que tudo é planta. Todos somos humanos – esta é a grande lição que diariamente ela lembra e ensina.

Habilidosa, acostumada a lidar com contradições e sempre atingindo o ponto de equilíbrio – ela é uma ialorixá –, Mãe Stella transformou-se em símbolo da luta pela democratização cultural, pela valorização do ser humano, pelo reconhecimento da religião africana tradicional. Embora atuando em uma pequena comunidade, seu trabalho tem alcance maior. A discriminação de negros, pobres, mulheres e dos socialmente marginalizados é hoje a mesma que durante muito tempo marcou o candomblé. Ao conquistar voz e espaço, Mãe Stella abriu perspectivas para inúmeras pessoas e comunidades antes desdenhadas. Ela sabe o que é não ter direitos, ser discriminada, desconsiderada.

Lutou e venceu. Definiu posições, afirmando e negando. Colocou as coisas no seu devido lugar, fez na comunidade o que fazia junto aos orixás. É fiel cumpridora de obrigações, intransigente, nunca cede ao mais fácil.

A fala de Mãe Stella elucida as lutas que ela travou.

REVISTA RAÇA: *O sincretismo no Brasil é uma forte tradição. Que motivos levaria o afro-brasileiro a lutar contra ele neste momento?*
MÃE STELLA: É a questão da auto-estima. Se a gente conhece uma tradição religiosa e sabe o potencial mágico, místico e forte que ela tem, é evidente que não precisa misturá-la com outra para mostrar seu valor. Fazendo isso, só irá enfraquecê-la.

Qual o papel das ialorixás e dos babalorixás para a religião do candomblé?
Orientar os seguidores e os crentes. Termos sempre exemplos de coisas positivas para passar para os nossos filhos. Os pais e mães-de-santo são os pais ou mães de todos que nos procuram através do seu orixá. Nosso papel é orientar. Não tem ninguém sem defeitos, mas a gente procura andar dentro da linha, fazer as coisas corretas e mostrar dignidade para servir de exemplo para os outros.

Qual foi o período mais difícil para a prática do candomblé durante seus 60 anos de vida religiosa?
A pior fase foi quando tinha que ir para a Secretaria de Segurança e a Delegacia de Jogos e Costumes para pedir o alvará de funcionamento, como se fôssemos uma boate ou casa de shows. Ainda

há perseguições, porque a religião é associada aos negros. Mas existem muitos brancos que são adeptos do candomblé. Religião dos orixás é do ser humano, como todas as religiões. Deus não separa as pessoas. Os homens é que fazem isso...

Na opinião da senhora qual o caminho para exercermos nossa cidadania e construirmos uma sociedade mais igualitária?
A primeira coisa é aumentar a nossa auto-estima; depois, perder os complexos e termos consciência de nosso potencial. Cada ser humano tem obrigação de ser o melhor possível, sem competições, mas mostrando o seu valor.

Hoje, o afro-brasileiro está mais consciente de seus direitos e legado cultural?
Com certeza. E a minha luta é esta. Além da religião, luto pela aceitação da condição racial de cada um. Nós também podemos fazer as coisas com perfeição e temos muita capacidade para isso.

O racismo no Brasil é um fato. O mito da democracia racial brasileira já virou conto-do-vigário. A senhora acredita que o afro-descendente, adepto do candomblé, sente-se "mais forte" para lutar contra a discriminação racial?
É evidente. A fé fortalece. Se o afro-brasileiro crê realmente nos orixás, ele se sente mais protegido e tem mais coragem e determinação. Sabe quando deve aceitar e rebater as coisas. Acredito que se sinta capaz de dialogar tranqüilamente sobre suas crenças.[2]

5

Mãe Stella e a comunidade do Opô Afonjá

Desde quando foi eleita ialorixá, em 1976, Mãe Stella de Oxóssi tem participado de inúmeros encontros, seminários e conferências, tanto no Brasil quanto no exterior (Nigéria 1981, Estados Unidos 1985, Benin 1987, Inglaterra 1998), sempre firmando sua posição a respeito de temas polêmicos, tal como o brado contra o sincretismo, em 1983, e a crítica à "folclorização" do candomblé durante o Carnaval de Salvador, dez anos depois. Tem concedido várias entrevistas para jornais e televisão e publicou dois livros: *E daí aconteceu o encanto*, em co-autoria com Cléo Martins (1988), e *Meu tempo é agora* (1993).

Pelo trabalho que realiza no Ilê Axé Opô Afonjá, Mãe Stella tem recebido diversas homenagens, não só de seus "filhos" como também de órgãos governamentais: a Honra ao Mérito de Grão-Mestre de Cavalheiro (1990); a Medalha

2 de Julho da Câmara Municipal de Salvador (1997); a Medalha Maria Quitéria da Câmara de Vereadores de Salvador (1997); a Medalha de Ordem ao Mérito da Cultura do Ministério da Cultura (1999). Em homenagem aos sessenta anos de iniciação da ialorixá, Cléo Martins e Raul Lody organizaram o volume *Faraimará, o caçador traz a alegria* (1999).

No esforço de preservar a tradição africana, Mãe Stella percebeu que era fundamental a legalização das terras compradas por Mãe Aninha para o Ilê Axé Opô Afonjá, onde atualmente residem cerca de cem famílias. Assim que tomou posse como ialorixá, regularizou o registro do terreno e, mais tarde, obteve da Prefeitura de Salvador a realização das obras de contenção das encostas em torno da comunidade, assim como sua proteção contra invasões. Ela mantém o patrimônio recebido das antecessoras, restaurando e consertando constantemente as casas dos orixás.

Preocupada com a educação das crianças da comunidade que dirige, Mãe Stella estabeleceu a Escola Eugênia Anna dos Santos, de 1º e 2º ciclos do ensino fundamental (de 1ª a 4ª séries), que atendia às crianças da comunidade e da vizinhança. Em 1999 conseguiu que a escola fosse municipalizada e que se ampliasse o atendimento para cerca de trezentas crianças de sete a quatorze anos (abarcando portanto todo o ensino fundamental), em dois turnos, tendo como eixo temático a cultura afro-brasileira.

Ainda como parte de um projeto pedagógico, autorizou em 1981 a criação do museu do Axé, o Ilê Ohun Lailai. Mãe Stella cuida constantemente dos membros do seu *egbé* (comunidade), procurando dar a eles assistência médica e condições de profissionalização. Dotou a comunidade de um ambulatório médico e de pequenas oficinas de costura, serralheria e artesanato. Construiu a casa de Iansã, seu segundo orixá, destacando um dia do calendário religioso para a festa desse orixá.

Em 1994, criou o Egbé Ogã, associação dos *ogãs* do Ilê Axé Opô Afonjá, e inaugurou a Feira da Cultura Africana, daí em diante realizada anualmente. Ainda no mesmo ano criou a Associação de Jovens (AJO) do terreiro. Manter o espaço físico, dar condições dignas de vida, possibilitar o desenvolvimento intelectual e estabelecer comunicações, estas são as bases do trabalho comunitário que Mãe Stella desenvolve. Para tornar conhecida sua comunidade e suas tradições, em 1996 concordou com a criação da homepage do Ilê Axé Opô Afonjá. Toda semana responde a mais de trinta e-mails, esclarecendo dúvidas, orientando e recebendo convites para conferências.

Reproduzimos a seguir alguns textos de Mãe Stella que integram a homepage do Ilê Axé Opô Afonjá (www.geocities.com/Athens/Acropolis/1322). Em seus escritos ela conta a história do terreiro e de suas iás, mostrando a grande presença religiosa iorubá no Axé. A maior parte dos textos foi redigida para o museu do Axé, sendo que escreveu "Iniciação", "Jogo de búzios" e "Corpo de *obás*" especialmente para a homepage.

História do Ilê Axé Opô Afonjá

Ainda era *ialaxé* da Casa Branca Maria Júlia Figueiredo, quando Aninha – Obá Biyi –, completando sete anos de iniciada, recebeu a ordem de ser mãe-de-santo, tendo como primeira filha-de-santo Paula de Ogum, da própria Casa Branca. Com a morte de Maria Júlia, assumiu Marcelina, surgindo divergências que culminaram com o afastamento de um grupo liderado por Aninha. A iá foi para a rua do Camarão, numa roça no Rio Vermelho onde funcionava o Terreiro de Pai Joaquim – Obá Sanyà – Essa Oburo. Daí Aninha foi para sua própria roça, no bairro do Nordeste, à rua Santa Cruz.

Embora houvesse a roça do Axé, Aninha fazia iniciação de *iaôs* em sua residência, como foi o caso de Rosalina de Oxalá, iniciada na rua dos Capitães. Em 1903 ela já morava à rua Corriachito, onde iniciou mais duas *iaôs*: Salu de Airá e Maria das Dores de Oxóssi. Mudou-se então para a Ladeira da Praça, onde foi iniciada Mãe Senhora – Oxum Múyiwa – e mais cinco outras, no dia 5 de novembro de 1907. Dias depois Aninha iniciou mais outras sete *iaôs*.

Já residindo no Pelourinho, no nº 77, com a inspiração de Xangô e Iemanjá comprou a roça do nosso Axé, em 1909, inaugurando-o com a iniciação de Agripina de Xangô Aganju. Deu ao Axé, numa escolha inteligente, o nome de Ilê Axé Opô Afonjá, cujo significado é "Casa de força sustentada por Afonjá".

Aninha esteve à frente de seu Axé com muita dignidade até o dia 3 de janeiro de 1938. Com o seu falecimento, por pouco espaço de tempo reinou Mãe Bada, de 1939 a 1941, substituída por Mãe Senhora, em 1942. Com o falecimento de Mãe Senhora em 1967, foi sua sucessora Mãe Ondina, que guiou o destino do Axé de 1969 a 1975. Ela faleceu e um ano depois me foi confiada pelos orixás a continuidade e a preservação deste Axé, que eu, Maria Stella de Azevedo Santos, passei a dirigir no dia 17 de junho de 1976.

Salvador, dezembro de 1981

Mãe Aninha

Talvez a ialorixá mais inteligente de sua geração, Mãe Aninha – Eugênia Anna dos Santos – fez de sua roça como se fosse uma miniatura da África, dando a todos os orixás um pedaço de terra. Cada parcela parecia reproduzir a cidade ou tribo referente ao orixá, tendo como sede o Ilê Xangô, que desde a época era considerado um palácio, como em Oyó. Construiu o Ilê Oxalá com uma bela arquitetura para o seu tempo, um lugar em que se tornava presente a África, tanto pelas divisões internas quanto pelo aspecto externo; a casa de Omolu, com alicerce em círculo e coberta de sapé; a casa de Oxóssi, totalmente dentro do mato, como a tribo de queto, de onde vem o orixá. Também fez as casas de Onilé e Exu, uma casinha para o culto dos mortos e a casa de Ossaim, local de sua preferência para os trabalhos e preceitos de culto – *axés*, *ofós* e tudo o mais.

Como Mãe Aninha é descendente da nação Grunci, cujos rituais têm algumas variações com referência aos de queto, construiu em 1914 uma casa para Iemanjá e outros orixás pertencentes àquela nação. O ambiente interior mostra até agora muita força de relação com sua fonte e sua nação, e hoje fazemos tudo para que continue assim.

Mãe Aninha construiu também um cruzeiro, cuja inauguração foi feita com uma festa para os *abiãs*. Houve ocasião de aí serem celebradas missas, pois Mãe Aninha era bem relacionada com os religiosos. Ela foi também uma das pioneiras do rito anual da lavagem do Bonfim, para onde ia com algumas filhas-de-santo em romaria, com vassouras e outros objetos. Levava sempre consigo água-de-colônia para lavar os altares, o que era feito com toda dedicação e respeito. Ela mandou que Mãe Senhora, nessa época *ossi dagã*, construísse uma casa para Oxum, de onde sairia o *peté* para a procissão.

O primeiro barracão de festas do Axé, do qual ainda hoje temos a fotografia, era feito de palha, uma verdadeira arte africana. Mãe Aninha colocou a pedra fundamental do atual barracão, com todo preceito e muita pompa, na presença de autoridades do estado. Deixou pronto todo o alicerce e as pilastras de concreto.

Idealista como era, criou o corpo de obás, inspirando-se também nas tradições dos palácios africanos, cuja função seria, além da religiosa, sustentar o Axé, principalmente na parte civil, porque reunia pessoas importantes na sociedade baiana. A festa de confirmação foi feita depois de uma longa estada de Mãe Aninha no Rio de Janeiro. Lá ela fundou outro Axé com o mesmo nome, no subúrbio de Coelho da Rocha, cuja mãe-de-santo atual é Cantulina, filha-de-santo de nossa antiga ialorixá. Com suas filhas-de-santo Aninha era muito severa, predicado daquele tempo. Mas nunca deixou de ajudá-las em qualquer circunstância. Conta-se que, certa ocasião, encontrou uma filha-de-santo na rua, passando dificuldades financeiras; a moça estava entrando num armazém para comprar mantimentos, mas o dinheiro que tinha não chegava para tudo, e o balconista não quis facilitar; Mãe Aninha tirou o par de argolas de ouro e rubi das orelhas e entregou em pagamento ou fiança. Como este, muitos outros casos eram contados como exemplos de sua personalidade.

A casa de Aninha na Ladeira da Praça era um verdadeiro pensionato gratuito, onde as protegidas ajudavam na confecção de doces muito bem aceitos naquele tempo. Sua quitanda no Pelourinho era um ponto de encontro do candomblé, e ali ela dava orientação a muita gente. Mãe Aninha era filha de africanos. Foi graças a sua interferência direta que o presidente Getúlio Vargas baixou o decreto que dava liberdade aos cultos. Muito amiga de políticos, houve ocasião em que deu refúgio a alguns deles no Axé.

Conselheira e protetora, deixou um grande vazio no mundo do candomblé. Também deixou firmada contudo uma base ampla e forte que ainda se mantém. O impressionante na vida de uma pessoa como esta, com uma cultura e em tempos como aqueles, é que, ao adquirir uma roça com a finalidade de ter e manter segura a tradição religiosa herdada de seus ancestrais, resolveu comprá-la para o seu *eledá* Xangô, deixando bem claro, sob juramento a ele, que o terreno jamais seria dividido por venda ou outros meios, permanecendo todo o espaço para uso de casas para orixás, filhos carentes de residência e cultivo de plantas.

Neste texto citei apenas os fatos que considero mais marcantes sobre Obá Biyi – Eugênia Anna dos Santos.

Era assim constituído seu *egbé* quando Mãe Aninha morreu: *iáquequerê* Iwin Tónà; *dagã* Odé Gidé; *iá Amoro* Airá Bayi; *ossi dagã* Oxum Muyiwa; *ajimuda* Martiniano do Bonfim; *assobá* Bope Oiá; *balé* Xangô José Pimentel, que era uma espécie de ajudante-de-ordem, secretário e conselheiro; por motivos estritamente referentes ao Axé esse cargo foi extinto, surgindo o corpo de *obás* ou ministros de Xangô, em número de doze: Obá Abiodum, Obá Aré, Obá Odofim, Obá Arolu, Obá Telá, Obá Onassocum, Obá Aresá, Obá Elerum, Obá oni Koy, Obá Olugbon, Obá Xorum, Obá Kakanfo. O único remanescente do primeiro corpo de *obás* é Kakanfo.

Salvador, dezembro de 1981

Mãe Bada

Assim era conhecida Maria Purificação, filha de Oxalá – Olufan Deyi. Mãe Bada era amiga de Mãe Aninha, que a chamava de "mãe", e acompanhou-a no Axé desde a fundação. Ficou pouco tempo na direção, pois já estava bastante idosa e tinha saúde frágil. Durante esse intervalo só foi possível recolher um barco de *iaô*. Filha de africanos, usava como eles fazer iniciação em casas, fora de roças de Axé, pelas dificuldades de espaço. É escusado mencionar sua capacidade: mesmo com a idade avançada e a saúde precária, ainda deu uma boa parcela de préstimos ao Axé, até que a morte a levou, em 1941.

Salvador, dezembro de 1981

Mãe Senhora

Com a imponência de Oxum e a sabedoria que sempre lhe foi peculiar, Mãe Senhora cuidou do Axé durante vinte e seis anos. Esse período ficou marcado pelo dinamismo e o tato que muito contribuíram para que ela fosse considerada uma verdadeira *aiabá*. Como dizia, "*aiabá* número um". Era *ossi dagã* e tornou-se *ialaxé* com os ensinamentos que lhe foram transmitidos por Mãe Aninha. Xangô, como chefe espiritual, não hesitou em escolhê-la. Após a morte de Mãe Aninha, sempre obediente ao chefe (assim ela se referia a Xangô), tomou as rédeas do Axé com muita segurança.[1] O Ilê Axé Opô Afonjá passou por transformações – o que é normal – que ajudaram a promovê-lo. Aos quarenta e dois anos de idade, Mãe Senhora conseguiu segurar toda a comunidade em pleno ano de 1942.[2]

Morando na Ilha de Itaparica na ocasião de sua escolha, a única opção foi deixar sua quitanda e vir para Salvador. Os recursos do Axé ainda eram precários, apesar da grande obra de Mãe

Aninha. Senhora logo foi acertando e arrumando a casa. Cuidou de construir o novo barracão, pois o velho estava em condições precárias, deu alguns retoques na casa de Oxalá, construiu o Ilê Egum – pois achou que o *egum* da sua iá merecia um lugar à altura de seu merecimento para ser evocado e adorado. A Sociedade Civil Cruz Santa ajudou-a bastante, assim como alguns *obás*, *ogãs* e pessoas adeptas do candomblé.

O Ilê Egum foi feito com muita pompa, por causa de sua ligação com o terreiro de Egum na Ilha de Itaparica, onde Mãe Senhora também recebeu o posto máximo para mulheres, o de iá *egbé*. Por essa razão, todos os anos, principalmente no período de 6 a 14 de setembro, ela viajava para a ilha, a fim de participar das obrigações a *babá* Aboulá e outros *eguns*. Apesar de ter também uma casa fora do Axé, não se desfez de sua moradia na ilha, para onde sempre ia em descanso, em companhia de sua neta e de algumas filhas-de-santo.

Viajava freqüentemente para o Rio de Janeiro, mas a passeio, pois não fazia obrigações fora do Axé. Apesar de ser muito solicitada, apenas orientava os filhos residentes em outras cidades. No ano de 1965, foi consagrada a Mãe Preta do Ano. Recebeu em meio a grande festa o título de Iá Nassó Oió em 1957, quando completava cinqüenta anos de iniciação. Nunca desejou ir à África, embora mantivesse correspondência constante com aquele continente. Recebeu também a comenda de Ordem ao Mérito do Senegal. Fez cerca de noventa iniciações, além de outras obrigações, como a confirmação de *ogãs*.

Sob as ordens de Xangô, instituiu os *obás otum* e *ossi*, pela grande afluência de pessoas de destaque que desejavam se filiar ao terreiro. Com seu Axé sempre crescendo, Mãe Senhora ampliou a casa de Xangô, nela instalando luz elétrica. Às vezes dócil, às vezes rigorosa, conservou as marcas de sua personalidade até o dia 20 de janeiro de 1967, quando faleceu. Olorum quis. Coisa de Orixá. Assim como Mãe Senhora foi liderar as obrigações de morte de Tia Massi, então *ialaxé* do Engenho Velho, nossa querida *ialaxé* do Gantois, Mãe Menininha, veio nos confortar com sua presença. Na ocasião, era o que mais precisávamos. Obrigada Mãe Menininha.

Salvador, dezembro de 1981

Mãe Ondina, Mãezinha

Ondina Valéria Pimentel, então *iaquequerê* do nosso Axé, substituiu Mãe Senhora depois de seu falecimento. Por coincidência, ela, que residia no Rio de Janeiro, onde havia fundado um Axé, estava em Salvador. Desde então orientou a todos nas obrigações internas indispensáveis naquela ocasião. Logo depois viajou para o Rio de Janeiro, deixando o Axé sob responsabilidade de alguns filhos-de-santo. Este foi um período crítico. Um ano depois, em jogo público, a própria *iaquequerê* foi escolhida para o cargo de ialorixá. O Axé passou então por outra fase de reformas gerais.

Logo depois que o orixá da então mãe-de-santo escolheu a nova *iaquequerê*, a iá *amoro* e os outros postos, começaram as reformas das casas. Como não achara ninguém à altura para liderar o Axé do Rio de Janeiro, e como não podia fugir ao local de suas raízes, segundo ela mesma dizia, Mãezinha – assim Mãe Ondina era chamada com carinho por todos – passou a cuidar dos dois lugares, o que muito desgastou sua saúde.

Com o número de filhos crescendo em Salvador, impôs-se a necessidade de ampliação do quarto de Oxalá e de *aiabás*. As festas da época de Mãe Ondina sempre foram revestidas de brilhantismo. Ela confirmou diversos *ogãs*, alguns *obás otum* e *obás ossi*. Seu grande sonho era construir a casa nova de Xangô – o que só foi possível depois de sua morte –, de construção planejada e realizada pela Sociedade Civil Cruz Santa. Seu coração de mãe levava-a a se sacrificar em ajuda aos outros que viviam à sua volta. Durante os sete anos que tomou conta dos destinos do Axé, fez aproximadamente vinte viagens ao Rio de Janeiro. Aos poucos perdeu a saúde e, no dia 19 de março de 1975, depois de um dia muito agitado, sentiu-se mal. Foi levada ao pronto-socorro, onde veio a falecer, deixando o Axé de Xangô exposto aos acontecimentos da ocasião.

Os membros do Conselho Religioso nessa época eram: *iaquequerê* Oxum Funmisé; *dagã* Iji Lonã; *ossi dagã* Oxum Tololá; *iá Amoro* Iji Tolú; *omo euê* Ogum Eyhindá; *kolabá odé* Kayodé; *assobá* Didi; *ajimuda* Oxum Dele; *assogum* Afikodê.

Salvador, dezembro de 1981

Iniciação

Depois que os orixás nos chamam pelos meios mais diversos, depois que as pessoas se conscientizam de que têm de servir ao orixá, marca-se a iniciação. O processo se completa sete anos depois.

Quando falamos em iniciação ou em "fazer o santo", sabemos que isso é o máximo que há em termos de práticas preceituais. Existem outros tipos de iniciação mais simples: "assentar santo", "lavar contas", "lavar cabeça" etc. Só os iniciados nos padrões dos rituais tradicionais e nas obrigações feitas no tempo hábil poderão ser iniciadores (*babá* ou ialorixá). Não adianta conhecer as práticas e não possuir o *axé* transmitido por quem é de direito. O iniciado chama-se *omo orixá* ou *olorixá*. O *axé* é passado por meio do aprendizado, no decorrer de um período que começa com a iniciação, quando se estabelece o contato direto com o orixá. Não existe escola para iniciados ou *abiãs*. O que há é transmissão de *axé* feito pelos *babás* e pelas ialorixás.

Salvador, outubro de 1996

Jogo de búzios

Nós nos comunicamos com os orixás e ancestrais por meio do oráculo. Como tudo na crença dos orixás é feito pela iniciação, para o *oluô*, ou pessoa encarregada de se comunicar com as forças que adoramos, o processo é o mesmo. Não se trata de adivinhação. Com quatro búzios nos comunicamos com os orixás, traduzindo seus desejos. O mesmo ocorre com o *erindinlogum*. Por exemplo, sabemos que *odi* é um dos caminhos pelos quais Ogum fala. Conhecendo a prática do jogo e os respectivos *itans* (histórias), podemos fazer uma leitura ampla de mensagens, conselhos, *ebós* e advertências e sabemos encontrar o equilíbrio para o nosso dia-a-dia.

Salvador, outubro de 1996

CORPO DE *OBÁS*

A Sociedade Cruz Santa do Ilê Axé Opô Afonjá foi instituída em 1936, juntamente com o corpo de *obás* – ministros de Xangô –, que conta agora com um quadro bem ampliado. Quando foi instituído por Mãe Aninha, o conselho era composto por doze *obás*. Eram os seis *obás* de direita: Obá Aré, Obá Kakanfo, Obá Arexa, Obá Arolu, Obá Telá e Obá Abiodum. Os seis da esquerda eram: Obá Oni Koy, Obá Olugbon; Obá Onassocum; Obá Elerum; Obá Odofim e Obá Xorum.

Pelas necessidades de bom desenvolvimento do Axé, Mãe Senhora instituiu *otum* e *ossi* para todos os *obás*, isto é, o lado direito e o esquerdo. Além dos *obás* ou ministros, fazem parte do grupo hierárquico os *ogãs*, que são em grande número. Existem também as *ajoiês*, cargo feminino correspondente a *ogã*, e o Conselho Religioso, do qual só participam pessoas *agbás* (antigas) na Casa, destacando-se a iá *egbé*.

Salvador, outubro de 1996

Questionário de Pesquisa

Interessada em saber como Mãe Stella é percebida pela sua comunidade, elaborei em novembro de 1999 um questionário que foi aplicado a cem pessoas do Ilê Axé Opô Afonjá. O universo da pesquisa era formado por: 25 *ebômis*, 15 *iaôs*, 15 *ogãs*, 10 *obás*, 10 *ajoiês*, 10 *abiãs* e 15 visitantes.

O questionário era composto pelas seguintes perguntas:

(a) O que é candomblé para você?

(b) Que palavra (apenas uma) você usaria para definir Mãe Stella?

(c) Que mudança Mãe Stella propiciou em você?

(d) Que mudança ela promoveu nesta cidade?

(e) Que exemplo de vida ela lhe deu?

Solicitava-se também que a pessoa se identificasse por nome, profissão, data de nascimento, grau de iniciação (*ebômi*, *iaô*, *abiã*) e data de iniciação; cargo no Axé (*ogã*, *obá*, *ajoiê*) e grau de instrução.

Respondendo à primeira pergunta, 90% das pessoas disseram que, para elas, o candomblé era uma religião. Isso significa que houve uma grande mudança de concepção: em 1982, na inauguração do museu Ilê Ohun Lailai, aplicamos questionário semelhante aos iniciados do Ilê Axé Opô Afonjá e, nessa ocasião, 70% das pessoas disseram que, para elas, o candomblé era uma seita e que sua religião era a católica.

Cem por cento dos questionados, expressando-se de vários modos, definiram Mãe Stella como uma “liderança carismática”. Selecionamos dez respostas para exemplificar esse traço constante na percepção que eles têm da ialorixá: "respeitável", "ilustre", "mãe", "ialorixá", "força", "imponente", "sábia", "fortaleza", "corajosa" e "disposta".

Nas respostas à pergunta "que mudança Mãe Stella propiciou em você?", evidenciou-se como a ialorixá ensina, muda, questiona e orienta. Escolhemos também dez respostas exemplificadoras: "crença", "confiança", "revelação", "responsabilidade de me sentir uma pessoa", "autoconfiança, que eu não tinha", "me deixou mais firme", "certeza", "fez com que eu tivesse uma visão de como proceder no candomblé", "aceitar o candomblé como religião" e "noção de disciplina".

A pergunta "que mudança ela promoveu nesta cidade?" teve respostas unânimes. Todos dizem que ela transformou a idéia que se tinha sobre o candomblé e o negro.

As respostas da última pergunta, "que exemplo de vida ela lhe deu?", confirmam a representação da mestra absoluta: "que bastava acreditar", "grande tolerância", "honestidade", "o exemplo de sucesso, de transformação boa", "a maneira como ela é", "a educação criada aqui por ela", "muita tranqüilidade dentro do santo", "cabeça em pé e humildade", "dedicação", "dignidade como mulher e filha-de-santo".

Assim, por esses depoimentos, Mãe Stella é percebida como forte, corajosa, dedicada, responsável e digna. É importante acentuar que a ialorixá conseguiu, em dezessete anos, mudar a idéia que as pessoas do candomblé – pelo menos em sua comunidade – tinham a respeito de sua própria religião. Oprimidos, sem voz nem vez, eles se sentiam integrantes de uma seita. Agora, com uma liderança que se pronuncia publicamente, discute, participa de congressos e é entrevistada por jornais e emissoras de televisão, seus filhos se sentem resgatados em suas origens. Aprendem que sua religião tem como base uma cultura, faz parte de uma tradição, e reconhecem os desvios que até há pouco os oprimiam. Sentem-se livres para falar em Olorum, Xangô e Oxóssi, adoram seus orixás e amam sua ialorixá.

Glossário

Este glossário busca facilitar a compreensão dos termos em iorubá empregados ao longo do presente volume. Ele não tem, contudo, a pretensão de ser exaustivo. O leitor em busca de maiores esclarecimentos deve consultar obras específicas, algumas delas indicadas em notas.

As remissões de um termo para outro estão grafadas aqui em VERSALETE.

abiã: grau pré-iniciático; seu postulante.

adjá: pequena sineta de metal que a mãe-de-santo agita à altura da cabeça das filhas-de-santo para provocar a chegada dos orixás.

agbá: velho(a), antigo(a).

aiabá: esposa do rei; nos terreiros de origem iorubá, designação genérica dos orixás femininos.

aiê: Terra, mundo.

ajimuda: cargo religioso.

ajoiê: mulher que auxilia os filhos-de-santo em transe, enxugando-lhes o suor e ajudando-os a se vestir; a *ajoiê* não entra em transe e faz uma breve iniciação, como a dos *ogãs*. Posto do Ilê Axé Opô Afonjá equivalente ao de EQUEDE no terreiro da Casa Branca e ao de *arobá* no terreiro do Gantois (atualmente existe uma tendência a utilizar a palavra *equede* tanto no Gantois quanto no Afonjá).

alafia: bons auspícios, certeza de se obter resposta afirmativa no jogo de búzios ou na "caída de *obis*" (ver OBI).

assobá: título usado em terreiros de candomblé QUETO para designar o responsável pelo culto de Omolu.

assogum: *ogã* que em certos rituais usa uma faca.

axé: em iorubá, "assim se faça", expressão proferida no final de rituais, orações, obrigações e pedidos, foi assimilada como "assim seja", "amém"; força. O Axé é casa de força, terreiro de candomblé. Os iniciados e os freqüentadores do Ilê Axé Opô Afonjá se referem a este terreiro como o Axé.

babá: o mesmo que BABALORIXÁ.

babalaô: "senhor do segredo"; sacerdote do oráculo, adivinho.

babalogum: posto no Ilê Axé Opô Afonjá.

babalorixá: sacerdote, pai-de-santo, dirigente de um candomblé, ocupa a posição mais elevada no culto dos orixás; tradicionalmente, na África, o babalorixá é o que joga IFÁ. Correspondente masculino de IALORIXÁ.

barco de iaô: nome que se dá ao grupo de filhos(as) que estão sendo iniciados(as).

bori: ritual de "dar de comer à cabeça".

dagã: a mais antiga em iniciação das duas filhas-de-santo encarregadas do PADÊ de Exu (ver ORIXÁ).

decá: cerimônia ritual de confirmação da aptidão para o cargo de IALORIXÁ ou BABALORIXÁ; conjunto de objetos rituais usados nessa cerimônia; transmissão de obrigações religiosas realizada em alguns terreiros de candomblé e umbanda (também se diz "receber a cuia").

ebó: oferenda ou sacrifício para os orixás.

ebômi: irmão mais velho; iniciado que completou a obrigação de sete anos.

egbá: etnia iorubá habitante da cidade de Abeokuta.

egbé: comunidade, associação.

egum: antepassado, espírito dos mortos.

eledá: "dono da vida"; divindade que vela pela pessoa. No contexto sincrético reinante no Brasil, sempre foi entendido como "guia protetor", equivalente ao anjo da guarda do catolicismo, seria o mesmo que orixá. Em iorubá *ele* significa "o dono", "o possuidor", e às vezes substitui *oni*; *èdá* significa "qualquer criatura viva", "o criado", "o causado"; *eledá* seria "a causa própria", "o guia", sempre num intrínseco.)

equede: posto no terreiro da Casa Branca; ver AJOIÊ.

erindinlogum: em iorubá, número dezesseis; por extensão, o nome que se dá ao jogo dos búzios constituído de dezesseis conchas.

iá: o mesmo que IALORIXÁ.

iá egbé: a mais antiga, a conselheira; membro do Conselho Religioso do Ilê Axé Opô Afonjá.

ialaxé: cargo de zeladora dos axés.

ialorixá: sacerdotisa, mãe-de-santo, dirigente de um candomblé, ocupa o posto mais importante e elevado do culto aos orixás. Correspondente feminino de BABALORIXÁ.

iaô: iniciados, antes de se tornarem EBÔMIS.

iaquequerê: mãe-pequena, auxiliar imediata e eventual substituta da ialorixá.

Ifá: deus do destino; oráculo que fala através do ODU; jogo usado pelo BABALAÔ para saber o *odu* responsável pela indicação de caminhos e previsões. O *ifá* é constituído pelo corpo de *odus*, em número de 256, revelados por meio do *opelê ifá* (apetrecho do jogo), também chamado rosário de *ifá*.

Ifé: cidade da Nigéria; um dos principais centros do reino iorubá, era considerada o centro do mundo.

ilê: "casa"; casa de candomblé, terreiro.

ilê axé: casa de poder e de força (como por exemplo o Ilé Axé Opô Afonjá, nome do terreiro fundado por Mãe Aninha).

itam: história, no sentido de relato.

kolabá: título relacionado ao culto de Xangô no Ilê Axé Opô Afonjá.

obá: rei, soberano de Xangô (ver ORIXÁ); os doze ministros de Xangô.

obi: noz-de-cola oferecida aos orixás e usada em adivinhações, quando é cortada em quatro pedaços que são jogados (sua disposição expressa a vontade do orixá, que responde sim ou não às perguntas formuladas); "caída de obi".

odé: "caçador"; maneira afetuosa dos filhos-de-santo se referirem a Oxóssi.

odi: nome de um dos caminhos revelados pelos búzios; é um ODU.

odu: caminho revelado pelos búzios, responsável também pelo destino.

ofá: arco-e-flecha de Oxóssi (ver ORIXÁ).

ofá nfá: seta disparada.

ofó: encantamento que tem o poder de aliviar a dor.

ogã: título dado a homens de boa situação financeira e prestígio social ou político, capazes de ajudar a proteger o terreiro; ver OMORIXÁ.

oiê: título, posto.

olorixá: ver OMORIXÁ.

olorum: dono do céu; deus supremo.

oluô: mestre jogador de búzios.

omorixá (ou **olorixá**): filho do orixá, iniciado.

omo euê: cargo da casa de Ossain (ver ORIXÁ).

oni: possuidor, dono; designação dos reis de Ifé.

onilé: dona da Terra.

ori: "cabeça" (ver BORI).

ori buruku: má sorte decorrente de uma cabeça (*ori*) ruim (*buruku*).

orixá: deus da religião iorubá. Os principais orixás são: Eua, Exu, Iansã, Iemanjá, Nanã, Ogum, Omolu, Ossaim, Oxalá, Oxóssi, Oxum, Oxumaré, Xangô. Na África iorubá tradicional, cada orixá tinha uma função e se encarregava de um aspecto biológico e social do mundo. Identificam-se com as forças da natureza e são agrupados em orixás do fogo (Iansã, também conhecida por Oiá, Xangô), da água (Iemanjá, Oxum), do mato (Ogum, Ossaim, Oxóssi), do ar (Oxalá). Segundo essas características estabeleciam-se critérios explicativos de vários fenômenos: a criação do mundo, por exemplo, era explicada por Oxalá, imaginando-se o sopro, o ar, como responsável pela vida, e Oxalá é o pai, o orixá grande; os provedores eram Ogum, que abre os caminhos, cria os instrumentos agrícolas e trabalha a terra com a enxada e a pá, e Oxóssi, que caça para dar de comer; na água está a mãe, a nutriz, Oxum reina na água doce e Iemanjá é dona dos mares.

orobô (ou **orogbó**): noz-de-cola amarga, mas sem os cotilédones do OBI. Na África é oferecida a Xangô, no Brasil, a quase todos os orixás; faz parte de várias cerimônias rituais do candomblé.

orucó: nome de iniciação.

orum: Céu, mundo invisível.

ossi: lado esquerdo.

ossi dagã: a DAGÃ da esquerda.

otum: o lado direito.

padê: ritual com oferenda a Exu (ver ORIXÁ) realizado antes do início das cerimônias religiosas.

peji: santuário, altar.

peté: comida e cerimônia consagradas a Oxum (ver ORIXÁ).

queto: antigo reino iorubá, localizado na atual República de Benin. (Os antigos reinos iorubás hoje correspondem a Nigéria, Benin e Togo. As principais casas tradicionais do candomblé da Bahia têm sua origem em queto.)

roça: na Bahia, sinônimo de terreiro, casa de candomblé, casa de culto dos orixás.

sobaloju: posto no Ilê Axé Opô Afonjá.

terreiro: o mesmo que candomblé, roça, casa de culto dos orixás.

xerê (ou **seré**): cabaça de pescoço fino e longo usada como chocalho, anunciando Xangô (ver ORIXÁ).

Notas

1. Ialorixá — liderança e individualidade

1. R.C. Abraham, *Dictionary of Modern Yoruba*, Londres, Hodder and Stoughton, 1981.
2. Roger Bastide, *O candomblé da Bahia*, São Paulo, Companhia Editora Nacional, 3ª ed., 1978, p. 54-6. [Nova edição revista e ampliada: São Paulo, Companhia das Letras, 2001.]
3. Joana Elbein dos Santos, *Os Nagô e a morte*, Petrópolis, Vozes, 1976, p.36 e 43.
4. Edison Carneiro, *Candomblés da Bahia*, Rio de Janeiro, Andes, 2ª ed., 1954 [1948] p.137.

2. Mãe Stella — ialorixá do Opô Afonjá

1. Ver Roger Bastide, *As religiões africanas no Brasil*, São Paulo, Pioneira, 1989, p.198.
2. Mãe Stella jamais seria *ialorixá* no Gantois porque, naquele terreiro, a sucessão segue o critério consangüíneo, só podendo ser escolhidos membros femininos da família fundadora do Axé.
3. Depoimento à autora.

3. Uma típica filha de Oxóssi

1. Mãe Stella de Oxóssi, *Meu tempo é agora*, Curitiba, Projeto CENTRHU, 2ª ed., 1995, p.22.
2. Entrevista concedida a Rosane Santana na revista *Neon*, ano I, n.4, abril de 1999.

3. Idem.
4. Idem.
5. Este pássaro, também conhecido como a grande bruxa, é *Ìyàmi òsòrònga* ("minha mãe feiticeira", entre os iorubás). Ver Pierre Verger, "Grandeza e decadência do culto de *Ìyàmi òsòrònga* entre os Yorubá", in Carlos Eugênio Marcondes de Moura, *As senhoras do pássaro da noite*, São Paulo, Edusp, 1994.
6. *Osó* em iorubá significa "feiticeiro"; *wùsì* quer dizer "aumentado", "crescido". *Osó wùsì* seria assim a origem do nome de Oxóssi.
7. Entrevista concedida a Clécio Max, do jornal *A Tarde*, 30 de abril de 1995.
8. Entrevista concedida a Rosane Santana, op.cit.

4. Aceitação da realidade e transformações

1. Essa idéia é desenvolvida em Vera Felicidade de Almeida Campos, *Terra e ouro são iguais (Percepção em psicoterapia gestaltista)*, Rio de Janeiro, Jorge Zahar, 1993, p.43-56.
2. Entrevista concedida por Mãe Stella à revista *Raça Brasil,* ano 4, n.37, setembro de 1999.

5. Mãe Stella e a comunidade do Opô Afonjá

1. Como Mãe Bada, que era a *ialorixá*, tinha idade avançada e saúde precária, ela autorizava e assistia Mãe Senhora no cuidado das "coisas do Axé". Esta fazia inclusive a iniciação. Mãe Stella foi iniciada por Mãe Senhora em 12 de setembro de 1939, mas ainda no reinado de Mãe Bada.
2. Este texto, escrito por Mãe Stella em 1981 para o Ilê Ohun Lalai, faz parte do acervo do museu. Recentemente o antropólogo Vivaldo da Costa Lima, autor de vários trabalhos reconhecidos, entregou a Mãe Stella a certidão de batismo de Maria Bibiana do Espírito Santo, Mãe Senhora. Foi possível assim corrigir os dados de nascimento aceitos por todos como 31 de março de 1900. Como reza a certidão de batismo, ela nasceu em 31 de março de 1890. Em 1942, Mãe Senhora tinha portanto cinqüenta e dois anos.

Este livro foi composto pela Textos & Formas
em Berkeley Book e Marnallo e impresso
pela Geográfica Editora em setembro de 2003.